教育の最新事情と研究の最前線

茨城大学教育学部学校教育教室 編

福村出版

JCOPY 〈出版者著作権管理機構　委託出版物〉
本書の無断複写は著作権法上での例外を除き禁じられています。複写され
る場合は、そのつど事前に、出版者著作権管理機構（電話 03-3513-6969、
FAX 03-3513-6979、e-mail: info@jcopy.or.jp）の許諾を得てください。

まえがき

　本書は、茨城大学の教員免許状更新講習（必修講習）のテキストです。茨城大学では、毎年、必修講習内容のテキストを自主作成してきましたが、このたび、福村出版株式会社より書籍として刊行することになりました。免許状更新講習のテキストとしての利用はもちろんですが、現代教育の最新事情を考える書籍としても活用していただけたらと考えています。

　本書は、2部から構成されています。第1部は、教員免許状更新講習で必修として定められている内容を取り上げた部分です。現在、免許状更新講習は、必修、選択必修、選択と三つの講習に分かれていますが、ここではそのうちの必修に関わる内容が扱われています。第2部は、教育実践に関わる教育研究の論考になっています。執筆者が自由に、現代教育の課題と思われることを扱って論じています。

　第1部は、講習でテキストとして有効に活用できるよう、資料を充実させるとともに、書き込みが可能なスタイルも取り入れています。対して第2部の論考は、茨城大学の教員免許状講習で取り上げることを直接の目的としたものではありませんが、講習の合間や講習前後にお読みいただき、今後の教育実践に何らかの形で生かされることを期待したものです。

　最後に、みなさまにとって、本書が自らの実践を振り返る機会になり、またこれからの教育の可能性を考える一助となることを願っています。

2018年2月　執筆者一同

目　次

まえがき ——————————————————————————————————— 3

第1部　教育の最新事情

第1章　国際比較から見る教育政策の動向（生越　達）——————— 8

はじめに　*8*

1. 急激に変化を遂げる現代社会　*9*

2. 教育基本法改正のもつ意味　*11*

3. 教育三法の改正及びチーム学校について　*18*

4. 今日の子どもの学力・学習状況について――近年の学力調査等の結果を踏まえて　*27*

第2章　教職についての省察と教師の力量形成（小川哲哉）——————— 38

はじめに　*38*

1. 教職をめぐる諸状況　*38*

2. 教師の「専門的力量」形成の問題　*46*

第3章　子どもたちの発達と特別な支援を必要とする子（三輪壽二）——————— 57

はじめに　*57*

1. 子どもの発達を考えるときに大切なこと　*57*

2. 知的発達の理論と心理―社会的発達の理論　*58*

3. 発達障害へのアプローチ　*61*

第4章　子どもの生活の変化を踏まえた課題
――カウンセリングマインドを基盤とした指導の重要性――（打越正貴）——————— 69

1. 現代の子どもの変化について　*69*

2. 学級担任と学級づくり　*75*

3. カウンセリングマインドの重要性　*77*

4. 事例検討　*82*

5. 学級の中の人間関係　*83*

第2部　学校教育の課題と教育研究の最前線

第5章　小学生の時制理解の発達
——「サザエさん」と「さわやか3組」の役割——（村野井均）——— 86

はじめに　*86*

1. 小学校低学年の時制理解——時制の手がかりへの気づき　*87*
2. アニメ「サザエさん」の丁寧な時制表現　*88*
3. アニメにおける小学校中学年と高学年の断絶　*90*
4. 「さわやか3組」（NHK教育）の役割　*91*

まとめ　*96*

第6章　学習指導における情報活用能力の育成（杉本憲子）——————— 99

1. 求められる情報活用能力の育成　*99*
2. 児童生徒の情報活用能力とメディアとの関わり　*102*
3. 情報活用能力の育成と授業・カリキュラムづくり　*104*
4. 探究的な学習を通しての情報活用能力の育成　*106*

第7章　新学習指導要領下で求められるキャリア教育
——一人ひとりの児童生徒に向けてのキャリア・カウンセリング——（生越　達）— 111

はじめに　*111*

1. キャリア教育が求められる背景　*112*
2. 現代社会と子どもたちの苦悩——前を向くことの困難　*116*
3. 子どもたちの閉塞状況を乗り越えるキャリア教育
　　——キャリア・カウンセリングという発想　*121*

おわりに　*126*

目　次

第8章　特別活動
──クラブ活動におけるプログラミング教育の実践試案──（小林祐紀）──── 128

はじめに　*128*

1. 小学校プログラミング教育　*129*
2. 小学校プログラミング教育に利用できる教材例　*130*
3. プログラミングを取り入れたクラブ活動の進め方　*132*

おわりに　*134*

第9章　「性の多様性」と道徳教育
──小学校・中学校の道徳科学習を生かして──（青柳路子）──── 136

はじめに　*136*

1. 「性の多様性」と、多様性への配慮　*136*
2. 「性の多様性」教育──児童生徒の発達と人権教育、道徳教育　*142*

おわりに　*147*

第1部　教育の最新事情

第1章

国際比較から見る教育政策の動向

生越　達

はじめに

　近代という時代は、競争原理と共同体原理をバランスよく発展させてきた。近代における第一原理は競争原理である。そして、この競争原理を支えるために共同体原理が必要となったのである。社会は競争の場である冷たいゲゼルシャフト（Gesellschaft：利益社会）と親密性の場である温かいゲマインシャフト（Gemeinschaft：共同社会）によって成り立つようになる[1]。そして、この共同社会の中心にあったのが近代家族である。中世の家族は生産の単位だったが、近代においては、家族は、子どもを中心として強い情緒的絆で結びつく場になったのである。フランスの歴史家アリエス（Philippe Ariès, 1914-84）が明らかにしたように、庇護すべき純粋無垢な存在としての子どもといった見方は近代の産物である。

　近代は、学校教育と深く関係する。学校教育は基本的に近代に生まれたものだからである。近代学校は学習内容を教えるだけではなく、同時に子どもたちに近代を生きるための価値観を伝えてきた。つまり、競争原理と共同体原理を伝えてきたのである。そして日本の教師の優秀性は、「がんばれば報われる」という競争原理のみではなく、「みんな仲よく」という共同体原理をも伝えることに成功したことである。日本の近代化の成功の一端は、日本の教師が、生活指導や学級経営を通して、学校の中に子どもたちが「ともに」生きる場をつくり出したことにあると言ってもいいように思う。

　この章では、最近の教育政策の動向を明らかにすると同時に、私たちはいったいこうした政策をどのように受け止めたらいいのか、について考えてみることにする。まず、現代社会において、バランスの中で成り立っていた近代がどのように変質してきているのかを検討したい。その上で、2006（平成18）年に改正された教育基本法及びその後に改正された教育三法が、近代の変質をどのように受け取り、現代社会をどのような方向に導こうとしているのかを明らかにし、現代を生きる教師として何を大切にしたらいいのかについて考えてみたい。少しだけだが、チーム学校のもつ意味についても触れておきたい。次に、学力論に触

れ、国際比較から日本の子どもたちの現状を明らかにし、今日求められている学力の在り方について検討する。

1. 急激に変化を遂げる現代社会

現代社会は大きな変革期を迎えている。近代を支える二つの原理との関係で言えば、成熟社会の到来が大きな意味をもっているだろう。成熟社会はイギリスの物理学者であるガボール（Gábor Dénes, 1900-79）が提起した概念である[2]。ガボールは、社会が成熟していくにつれ、経済成長ばかりを求める物質万能主義の社会や大量消費社会は終焉を迎え、代わりに、高水準の物質文明と共存しつつも、精神的な豊かさや生活の質の向上を目指す社会が来ると考えた。

だが、現実の社会はどうだろうか。お金で買えるものはどんどんと増えていき、まさに消費社会化が進行しているように思われる[3]。

消費社会は、教育にも大きな影響を与える。なぜなら子どもたちは小さい頃から消費者であることに慣らされてしまうことによって，学びの本質から引き離されてしまっているからである。大学生を例にして考えてみよう。難しい授業があり、その内容が理解できない学生がいたとしよう。以前だったら、自分の頭の悪さを嘆いたかもしれない。だが、現代の大学生は教員を責める。教職はサービス業であり、売り手の教師は買い手の学生がわかるように教えなければならない責任を負っているということになる。教育へのこうした考え方は、モンスターペアレントを生む土壌にもなるだろう。

こうした消費社会化の進行は、さらに深刻な問題を生じさせる。教育が商品だと考えてみよう。だが、教育は買う前に買う物の価値がわかってしまっては教育にはならない。なぜなら、教育を受けることのもつ意味は自分が変わることにあるからである。たとえば、林竹二は、学ぶことの唯一の証は変わることだと述べている。したがって、変わった自分が判断するべきことを変わる前の自分が判断することは愚かな行為だということになる。教育は消費社会になじまないのである。賢い消費者になろうとすることが、自らを愚かなままにとどめてしまうという逆説が生じてしまう。現代の子どもたちはしばしば「習ったことが何の役に立つのか」と問うが、すぐに可視化できる学びの成果を求めることは、学びそのもののもつ楽しさへの窓を閉じてしまうことになるだろう。下記に述べるように、子どもたちが学ぶ意欲を失っていることの一端は、こうした学びの変質にあるのではないだろうか。

成熟社会において、経済成長を追い続けていることの問題は、格差社会としても現れてくるだろう。日本は高度経済成長期には一億総中流と言われたが、最近では「勝ち組」「負け

資料1　貧困率の国際比較（2010年）

○ 日本の相対的貧困率は、OECD34カ国中29位の水準　　○「子どもの貧困率」は34カ国中25位であるが、大人が一人の「子どもがいる世帯」では33位

「子どもがいる世帯の相対的貧困率」は「合計」「大人が一人」「大人が二人以上」の3区分。

相対的貧困率			子どもの貧困率			子どもがいる世帯の相対的貧困率（合計）			大人が一人			大人が二人以上		
順位	国名	割合	順位	国名	割合	順位	国名	割合	順位	国名	割合	順位	国名	割合
1	チェコ	5.8	1	デンマーク	3.7	1	デンマーク	3.0	1	デンマーク	9.3	1	ドイツ	2.6
2	デンマーク	6.0	2	フィンランド	3.9	2	フィンランド	3.7	2	フィンランド	11.4	2	デンマーク	2.6
3	アイスランド	6.4	3	ノルウェー	5.1	3	ノルウェー	4.4	3	ノルウェー	14.7	3	ノルウェー	2.8
4	ハンガリー	6.8	4	アイスランド	7.1	4	アイスランド	6.3	4	スロヴァキア	15.9	4	フィンランド	3.0
5	ルクセンブルク	7.2	5	オーストリア	8.2	5	オーストリア	6.7	5	イギリス	16.9	5	アイスランド	3.4
6	フィンランド	7.3	5	スウェーデン	8.2	6	スウェーデン	6.9	6	スウェーデン	18.6	6	スウェーデン	4.3
7	ノルウェー	7.5	7	チェコ	9.0	7	ドイツ	7.1	7	アイルランド	19.5	7	オーストリア	5.4
7	オランダ	7.5	8	ドイツ	9.1	8	チェコ	7.6	8	フランス	25.3	8	オランダ	5.4
9	スロヴァキア	7.8	9	スロベニア	9.4	9	オランダ	7.9	9	ポーランド	25.3	9	フランス	5.6
10	フランス	7.9	9	ハンガリー	9.4	10	スロヴァキア	8.2	10	オーストリア	25.7	10	チェコ	6.0
11	オーストリア	8.1	9	韓国	9.4	11	フランス	8.7	11	アイスランド	27.1	11	スロベニア	6.7
12	ドイツ	8.8	12	イギリス	9.8	11	ハンガリー	8.7	12	ギリシャ	27.3	12	スイス	7.2
13	アイルランド	9.0	12	スイス	9.8	13	ハンガリー	9.0	13	ニュージーランド	28.8	13	ハンガリー	7.5
14	スウェーデン	9.1	14	オランダ	9.9	14	イギリス	9.2	14	ポルトガル	30.9	14	ベルギー	7.5
15	スロベニア	9.2	15	アイルランド	10.2	15	アイルランド	9.7	15	メキシコ	31.3	15	ニュージーランド	7.9
16	スイス	9.5	16	フランス	11.0	16	ルクセンブルク	9.9	15	オランダ	31.3	15	ルクセンブルク	7.9
17	ベルギー	9.7	17	ルクセンブルク	11.4	17	ニュージーランド	10.4	17	スイス	31.6	15	イギリス	7.9
18	イギリス	9.9	18	スロヴァキア	12.1	18	ベルギー	10.5	18	エストニア	31.9	18	アイルランド	8.3
19	ニュージーランド	10.3	19	エストニア	12.4	19	スロヴァキア	10.9	19	ハンガリー	32.7	19	オーストラリア	8.6
20	ポーランド	11.0	20	ベルギー	12.8	20	エストニア	11.4	20	チェコ	33.2	20	カナダ	9.3
21	ポルトガル	11.4	21	ニュージーランド	13.3	21	カナダ	11.9	21	スロベニア	33.4	21	エストニア	9.7
22	エストニア	11.7	22	ポーランド	13.6	22	オーストラリア	12.1	22	ドイツ	34.0	22	スロヴァキア	10.7
23	カナダ	11.9	23	カナダ	14.0	23	オーストリア	12.5	23	ベルギー	34.3	23	ポーランド	11.8
24	イタリア	13.0	24	オーストラリア	15.1	24	ポルトガル	14.2	24	イタリア	35.2	24	日本	12.7
25	ギリシャ	14.3	25	日本	15.7	25	日本	14.6	25	トルコ	38.2	25	ポルトガル	13.1
26	オーストラリア	14.5	26	ポルトガル	16.2	26	ギリシャ	15.8	26	スペイン	38.8	26	アメリカ	15.2
27	韓国	14.9	27	ギリシャ	17.7	27	イタリア	16.6	27	カナダ	39.8	27	ギリシャ	15.2
28	スペイン	15.4	28	イタリア	17.8	28	アメリカ	18.6	28	ルクセンブルク	44.2	28	イタリア	15.4
29	日本	16.0	29	スペイン	20.5	29	スペイン	18.9	29	オーストラリア	44.9	29	チリ	17.9
30	アメリカ	17.4	30	アメリカ	21.2	30	チリ	20.5	30	アメリカ	45.0	30	スペイン	18.2
31	チリ	18.0	31	チリ	23.9	31	メキシコ	21.5	31	イスラエル	47.7	31	メキシコ	21.0
32	トルコ	19.3	32	メキシコ	24.5	32	トルコ	22.9	32	チリ	49.0	32	トルコ	22.6
33	メキシコ	20.4	33	トルコ	27.5	33	イスラエル	24.3	33	日本	50.8	33	イスラエル	23.3
34	イスラエル	20.9	34	イスラエル	28.5				—	韓国	—			
OECD平均		11.3	OECD平均		13.3	OECD平均		11.6	OECD平均		31.0	OECD平均		9.9

出典：内閣府『平成26年度版　子ども・若者白書』。ハンガリー、アイルランド、日本、ニュージーランド、スイス、トルコの数値は2009年、チリの数値は2011年。

組」という言葉も普通に使われるようになり、少数の勝ち組と多数の負け組からなる社会になりつつある。たとえば2010（平成22）年の経済協力開発機構（OECD）の調査（資料1）は、日本社会が格差社会に変わりつつあることをはっきりと示している。

　成熟社会においては、「がんばっても報われない」という状況は多々生じる。そうした状況において、「がんばれば報われる」ということを教師が言い続けるとすれば、子どもたちは、どこかでその言葉の嘘くささに気づくことになるだろう。学ぶことの意味は、報われることではないこと、あるいは報われるということは学ぶこと自身の喜びの中にあることを伝えられないとすれば、子どもたちはますます学ぶことから離れていくことになるだろう。そのためにも、まずは「がんばれば報われる」ということの意味を教師個人、あるいは教師集団で考え、そして子どもたちと一緒に考えていくことが求められるだろう。そうしないと、がんばれば報われると信じて生きている子どもたちをどこかで奈落の底に追い落とすことにもなるだろう。

　今日の社会において、競争原理はますます強まっている。だが、勝てるのはごく一部で、負け組に対しては「自己決定」「自己責任」だと言われる。ここでは、負けたことの責任はあくまでも自分自身にあることが強調される。この点は、消費社会で述べたことと矛盾しているように見えるかもしれない。だが実際には補い合っているのである。消費社会を生きる眼

差しが自分に向いたとき、子どもたちは自分が生きるに値しないのではないかという見方にまといつかれることになる。その結果、「生きていても仕方ない」とか「死んでもかまわない」といった自分自身の存在を否定するような言葉がたやすく出てくるようになるのである。自分という存在を信じること、あるいは自分という存在の価値を「待つこと」ができず、短期的な成果を求めるようにもなる。学びに求められる時間感覚が消費社会では失われるからである。現代社会が学びの成果を短期的な学力の向上に求めるならば、こうした子どもたちの考え方はますます強まっていくことだろう。消費社会は、「時間なき社会」なのである。

こうした状況の中で現代社会は共同性そのものの危機にも瀕している。成熟社会は、自己決定・自己責任論のもとに共同性の価値を貶めてきているように思われる。近代において親密性の場として機能してきた家族が壊れ始め、また日本社会において生活指導、学級経営のもと、家族のように「みんな仲よく」を目指してきた学級集団が壊れ始めている。教室で、子どもたちは、互いに空気を読み合い、距離を測り合いながら、孤立を恐れて同調し、独特の関係性を築くようになってきている。いじめ研究者の内藤朝雄は、いじめの原因はべたべたとした日本的人間関係だととらえ、その集団の在り方を「中間集団全体主義」と呼んだが、もともとの日本的人間関係がいじめの原因に関係しているにしても、その関係性そのものに問題があるのではなく、そうした人間関係が現代社会において変質してきていることに問題の本質があるように思われる。現代社会の課題を乗り越えていくためには、共同性を否定するのではなく、これまでの共同性の課題を丁寧に克服しつつも、佐藤学が「学びの共同体」を提起しているように、共感的理解に基づいた新たな共同性を再構築することが求められているように思われる。

２．教育基本法改正のもつ意味

（１）教育基本法改正の背景

2006（平成18）年12月、現代社会の変化に対応して、教育基本法が改正された。教育基本法は教育に関する基本法であり、国はこの法律を定めることで教育に関する一つの新しい立場を表明したことになる。グローバリズム社会が訪れ、知識基盤社会と呼ばれる社会にあって、その社会を生き抜く生きる力を有すると同時に「公共の精神」を備えている人物を育てるべきことが宣言されたのである。

旧教育基本法との違いは前文を見るとはっきりと理解できる。旧教育基本法においては個人に焦点が当てられていたのに対して、新しい教育基本法では、「公共の精神」や「伝統の

継承」が強調されていると同時に、個人に関しても「創造性」や「未来を切り拓く」ことが強調されているという点である。このことは何を意味するのだろうか。それは、グローバリズム社会のもと、競争が世界的になる傾向にある中で、日本の未来を切り拓いていかれるような人材養成をしていくということの宣言だということである。そして、近代的な価値観を今後も追求していくことが述べられているのである。

　近代の価値観である競争原理が強調されるとするならば、共同体原理もまた重視されなければならない。それが「公共の精神」であったり、規律を重んずることであったりするであろう。前文で、「公共の精神」や「伝統の継承」が強調されているのも、競争原理とのバランスを保つために重要である。とくに社会が変化し、子どもたちが育っていく身近な環境としての家庭や地域社会が大きく変化している状況の中で、共同性をどう維持するかは、教育基本法の大きな関心となっている。グローバリズム社会においては、競争は激化し、また所属することによる安心感は奪われていく。グローバリズム社会を世界で活躍するという夢と希望で語ることができるとしても、人間存在が社会的動物であり、つねに「つながり」の中で生活してきた存在であることを考えると、危機と不安の時代だと言うことができるだろう。グローバリズム社会は、先の見えない社会であり、とくに現代のようなその黎明期においては人々を不安にさせる。こうした時代だからこそ、世界が拓かれていく希望以上に、これまでの常識が通用しなくなる不安に応えることが必要になる。教育基本法は、それに対して「公共の精神」や「伝統の継承」を持ち出しているのである。

　また、このような時代にあって、学校教育はさらに大きな役割を背負うことになるだろう。たとえば、教育基本法第6条第2項を新たに設け、学校教育の目的を明らかにしている。そこには内容面の規定（意欲＝競争原理、規律＝共同体原理）と、学校がそのためにどのような組織にならなければいけないのかまでも書き込まれている。まさに新しい教育基本法は、新しい時代を切り開いていくための方針を定めたものになっている。

（2）教育基本法の概要

　詳しい説明はスペースの関係で困難なので、次ページ以下に教育基本法の新旧対照表（資料2）を載せると同時に、その特徴を三つに整理して、ごく簡単に説明する。

　第一は、近代の二つの原理、新しい時代を切り拓き競争に勝っていけるような人材の養成（競争原理、創造性、自立の精神、主体的）を目的としつつ[4]、一方では、競争原理を支える共同体原理（公共の精神、豊かな情操と道徳心、伝統と文化の尊重、規律の重視）を育んでいくこと[5]が示されていることである。新自由主義の方向性を引き受けつつ、その新自由主義を展開していくために求められる保守主義的性格をもった法律となっている。

12　第1部　教育の最新事情

資料2　改正前後の教育基本法の比較

改正後の教育基本法 （平成18年法律第120号）	改正前の教育基本法 （昭和22年法律第25号）
前文 　我々日本国民は，たゆまぬ努力によって築いてきた民主的で文化的な国家を更に発展させるとともに，世界の平和と人類の福祉の向上に貢献することを願うものである。 　我々は，この理想を実現するため，個人の尊厳を重んじ，真理と正義を希求し，公共の精神を尊び，豊かな人間性と創造性を備えた人間の育成を期するとともに，伝統を継承し，新しい文化の創造を目指す教育を推進する。 　ここに，我々は，日本国憲法の精神にのっとり，我が国の未来を切り拓く教育の基本を確立し，その振興を図るため，この法律を制定する。	**前文** 　われらは，さきに，日本国憲法を確定し，民主的で文化的な国家を建設して，世界の平和と人類の福祉に貢献しようとする決意を示した。この理想の実現は，根本において教育の力にまつべきものである。 　われらは，個人の尊厳を重んじ，真理と平和を希求する人間の育成を期するとともに，普遍的にしてしかも個性ゆたかな文化の創造をめざす教育を普及徹底しなければならない。 　ここに，日本国憲法の精神に則り，教育の目的を明示して，新しい日本の教育の基本を確立するため，この法律を制定する。
第一章　教育の目的及び理念 （教育の目的） 第一条　教育は，人格の完成を目指し，平和で民主的な国家及び社会の形成者として必要な資質を備えた心身ともに健康な国民の育成を期して行われなければならない。 （教育の目標） 第二条　教育は，その目的を実現するため，学問の自由を尊重しつつ，次に掲げる目標を達成するよう行われるものとする。 一　幅広い知識と教養を身に付け，真理を求める態度を養い，豊かな情操と道徳心を培うとともに，健やかな身体を養うこと。 二　個人の価値を尊重して，その能力を伸ばし，創造性を培い，自主及び自律の精神を養うとともに，職業及び生活との関連を重視し，勤労を重んずる態度を養うこと。 三　正義と責任，男女の平等，自他の敬愛と協力を重んずるとともに，公共の精神に基づき，主体的に社会の形成に参画し，その発展に寄与する態度を養うこと。 四　生命を尊び，自然を大切にし，環境の保全に寄与する態度を養うこと。 五　伝統と文化を尊重し，それらをはぐくんできた我が国と郷土を愛するとともに，他国を尊重し，国際社会の平和と発展に寄与する態度を養うこと。 （生涯学習の理念） 第三条　国民一人一人が，自己の人格を磨き，豊かな人生を送ることができるよう，その生涯にわたって，あらゆる機会に，あらゆる場所において学習することができ，その成果を適切に生かすことのできる社会の実現が図られなければならない。	第一条（教育の目的）　教育は，人格の完成をめざし，平和的な国家及び社会の形成者として，真理と正義を愛し，個人の価値をたつとび，勤労と責任を重んじ，自主的精神に充ちた心身ともに健康な国民の育成を期して行われなければならない。 第二条（教育の方針）　教育の目的は，あらゆる機会に，あらゆる場所において実現されなければならない。 　この目的を達成するためには，学問の自由を尊重し，実際生活に即し，自発的精神を養い，自他の敬愛と協力によって，文化の創造と発展に貢献するように努めなければならない。 （新設）

改正後の教育基本法 （平成 18 年法律第 120 号）	改正前の教育基本法 （昭和 22 年法律第 25 号）
（教育の機会均等） 第四条　すべて国民は，ひとしく，その能力に応じた教育を受ける機会を与えられなければならず，人種，信条，性別，社会的身分，経済的地位又は門地によって，教育上差別されない。	第三条（教育の機会均等）　すべて国民は，ひとしく，その能力に応ずる教育を受ける機会与えられなければならないものであつて，人種，信条，性別，社会的身分，経済的地位又は門地によって，教育上差別されない。
2　国及び地方公共団体は，障害のある者が，その障害の状態に応じ，十分な教育を受けられるよう，教育上必要な支援を講じなければならない。	（新設）
3　国及び地方公共団体は，能力があるにもかかわらず，経済的理由によって修学が困難な者に対して，奨学の措置を講じなければならない。	2　国及び地方公共団体は，能力があるにもかかわらず，経済的理由によって修学困難な者に対して，奨学の方法を講じなければならない。
第二章　教育の実施に関する基本 （義務教育） 第五条　国民は，その保護する子に，<u>別に法律で定めるところにより</u>，普通教育を受けさせる義務を負う。	第四条（義務教育）　国民は，その保護する子女に，九年の普通教育を受けさせる義務を負う。
2　義務教育として行われる普通教育は，各個人の有する能力を伸ばしつつ社会において自立的に生きる基礎を培い，また，国家及び社会の形成者として必要とされる基本的な資質を養うことを目的として行われるものとする。	（新設）
3　国及び地方公共団体は，義務教育の機会を保障し，その水準を確保するため，適切な役割分担及び相互の協力の下，その実施に責任を負う。	（新設）
4　国又は地方公共団体の設置する学校における義務教育については，授業料を徴収しない。	2　国又は地方公共団体の設置する学校における義務教育については，授業料は，これを徴収しない。
（削除）（学校教育）	第五条（男女共学）　男女は，互に敬重し，協力し合わなければならないものであつて，教育上男女の共学は，認められなければならない。
第六条　法律に定める学校は，公の性質を有するものであって，国，地方公共団体及び法律に定める法人のみがこれを設置することができる。	第六条（学校教育）　法律に定める学校は，公の性質をもつものであつて，国又は地方公共団体の外，法律に定める法人のみが，これを設置することができる。
2　前項の学校においては，教育の目標が達成されるよう，教育を受ける者の心身の発達に応じて，体系的な教育が組織的に行われなければならない。この場合において，教育を受ける者が，学校生活を営む上で必要な規律を重んずるとともに，自ら進んで学習に取り組む意欲を高めることを重視して行われなければならない。	（新設）
「（教員）第九条」として独立	2　法律に定める学校の教員は，全体の奉仕者であって，自己の使命を自覚し，その職責の遂行に努めなければならない。このためには，教員の身分は，尊重され，その待遇の適正が，期せられなければならない。

改正後の教育基本法 （平成 18 年法律第 120 号）	改正前の教育基本法 （昭和 22 年法律第 25 号）
（大学） 第七条　大学は，学術の中心として，高い教養と専門的能力を培うとともに，深く真理を探究して新たな知見を創造し，これらの成果を広く社会に提供することにより，社会の発展に寄与するものとする。 　2　大学については，自主性，自律性その他の大学における教育及び研究の特性が尊重されなければならない。	（新設）
（私立学校） 第八条　私立学校の有する公の性質及び学校教育において果たす重要な役割にかんがみ，国及び地方公共団体はその自主性を尊重しつつ，助成その他の適当な方法によって私立学校教育の振興に努めなければならない。	（新設）
（教員） 第九条　法律に定める学校の教員は，自己の崇高な使命を深く自覚し，絶えず研究と修養に励み，その職責の遂行に努めなければならない。 　2　前項の教員については，その使命と職責の重要性にかんがみ，その身分は尊重され，待遇の適正が期せられるとともに，養成と研修の充実が図られなければならない。	【再掲】第六条（略） 　2　法律に定める学校の教員は，全体の奉仕者であって，自己の使命を自覚し，その職責の遂行に努めなければならない。このためには，教員の身分は，尊重され，その待遇の適正が，期せられなければならない。
（家庭教育） 第十条　父母その他の保護者は，子の教育について第一義的責任を有するものであって，生活のために必要な習慣を身に付けさせるとともに，自立心を育成し，心身の調和のとれた発達を図るよう努めるものとする。 　2　国及び地方公共団体は，家庭教育の自主性を尊重しつつ，保護者に対する学習の機会及び情報の提供その他の家庭教育を支援するために必要な施策を講ずるよう努めなければならない。	（新設）
（幼児期の教育） 第十一条　幼児期の教育は，生涯にわたる人格形成の基礎を培う重要なものであることにかんがみ，国及び地方公共団体は，幼児の健やかな成長に資する良好な環境の整備その他適当な方法によって，その振興に努めなければならない。	（新設）

第 1 章　国際比較から見る教育政策の動向　　*15*

改正後の教育基本法 （平成 18 年法律第 120 号）	改正前の教育基本法 （昭和 22 年法律第 25 号）
（社会教育） 第十二条　個人の要望や社会の要請にこたえ，社会において行われる教育は，国及び地方公共団体によって奨励されなければならない。 　2　国及び地方公共団体は，図書館，博物館，公民館その他の社会教育施設の設置，学校の施設の利用，学習の機会及び情報の提供その他の適切な方法によって社会教育の振興に努めなければならない。	第七条（社会教育）家庭教育及び勤労の場所その他社会において行われる教育は，国及び地方公共団体によって奨励されなければならない。 　2　国及び地方公共団体は，図書館，博物館，公民館等の施設の設置，学校の施設の利用その他適当な方法によって教育の目的の実現に努めなければならない。
（学校，家庭及び地域住民等の相互の連携協力） 第十三条　学校，家庭及び地域住民その他の関係者は，教育におけるそれぞれの役割と責任を自覚するとともに，相互の連携及び協力に努めるものとする。	（新設）
（政治教育） 第十四条　良識ある公民として必要な政治的教養は，教育上尊重されなければならない。 　2　法律に定める学校は，特定の政党を支持し，又はこれに反対するための政治教育その他政治的活動をしてはならない。	第八条（政治教育）　良識ある公民たるに必要な政治的教養は，教育上これを尊重しなければならない。 　2　法律に定める学校は，特定の政党を支持し，又はこれに反対するための政治教育その他政治的活動をしてはならない。
（宗教教育） 第十五条　宗教に関する寛容の態度，宗教に関する一般的な教養及び宗教の社会生活における地位は，教育上尊重されなければならない。 　2　国及び地方公共団体が設置する学校は，特定の宗教のための宗教教育その他宗教的活動をしてはならない。	第九条（宗教教育）　宗教に関する寛容の態度及び宗教の社会生活における地位は，教育上これを尊重しなければならない。 　2　国及び地方公共団体の設置する学校は，特定の宗教のための宗教教育その他宗教的活動をしてはならない。
第三章　教育行政 （教育行政） 第十六条　教育は，不当な支配に服することなく，この法律及び他の法律の定めるところにより行われるべきものであり，教育行政は，国と地方公共団体との適切な役割分担及び相互の協力の下，公正かつ適正に行われなければならない。 　2　国は，全国的な教育の機会均等と教育水準の維持向上を図るため，教育に関する施策を総合的に策定し，実施しなければならない。 　3　地方公共団体は，その地域における教育の振興を図るため，その実情に応じた教育に関する施策を策定し実施しなければならない。 　4　国及び地方公共団体は，教育が円滑かつ継続的に実施されるよう，必要な財政上の措置を講じなければならない。	第十条（教育行政）　教育は，不当な支配に服することなく，国民全体に対し直接に責任を負って行われるべきものである。 　2　教育行政は，この自覚のもとに，教育の目的を遂行するに必要な諸条件の整備確立を目標として行われなければならない。 （新設） （新設） （新設）

改正後の教育基本法 （平成 18 年法律第 120 号）	改正前の教育基本法 （昭和 22 年法律第 25 号）
（教育振興基本計画） 第十七条　政府は，教育の振興に関する施策の総合的かつ計画的な推進を図るため，教育の振興に関する施策についての基本的な方針及び構ずべき施策その他必要な事項について，基本的な計画を定め，これを国会に報告するとともに，公表しなければならない。 　2　地方公共団体は，前項の計画を参酌し，その地域の実情に応じ，当該地方公共団体における教育の振興のための施策に関する基本的な計画を定めるよう努めなければならない。 **第四章　法令の制定** 第十八条　この法律に規定する諸条項を実施するため，必要な法令が制定されなければならない。	（新設） 第十一条（補則）　この法律に掲げる諸条項を実施するために必要がある場合には，適当な法令が制定されなければならない。

出典：文部科学省「改正前後の教育基本法の比較」（http://www.mext.go.jp/b_menu/kihon/about/06121913/002.pdf）をもとに、一部修正して筆者作成。

　第二に、教育を組織的に運営し、PDCA サイクル[6]を通して目標を達成していこうとする方法的規定がなされていることである。第 2 条で教育の目標を定めていることは、PDCA サイクルを展開していくためにはどうしても必要であったし、第 17 条で、教育振興基本計画の定めを置き、国が年度を限った教育計画を定め実行していくとともに各地方公共団体にも同様の対応を求めていることもその流れの中にある[7]。また、教育基本法は、単なる理念的なものではなく、実際に PDCA サイクルを回していくという立場から策定されているため、全体としても管理的な性格をもつことになっている。前文において「その振興を図るため」と規定されていることなどにも、そうした性格は示されている。私たちにとって教育を受ける権利を規定した理念法から、私たちがこれからの社会でどのような方向に向かって努力していかなければならないかを管理するための法律に性格が変わっていると言ってもいいかもしれない。

　第三に、上記の二つの特徴が、学校教育においてもはっきりと規定されているという特徴である。すでに述べたが、第 6 条第 2 項には、競争原理と共同体原理のバランスの中で教育を進めていくこと、そして組織的に PDCA サイクルに沿って教育を実行していくことが明記されている。そして教員は第 9 条にあるように、つねに変化していく知識基盤社会において、この目的を達成するために研修を続けていかなければならないのである。

　教師は、こうした教育基本法に対してどのような態度をとればいいのだろうか。グローバリズムの到来の中、変化し続ける現代社会にあって、その中で活躍できるような創造性と未来を切り拓く意欲にあふれた人材を養成することは必要であろう。そしてそのためには、創

造性を育む教育のみに力を注ぐだけでは不十分で、共同性を培う教育をしていかなければならないことも確かだろう。

だが、現代社会を支える人材養成ばかりが教育の目的ではない。その際、共同性を人々の幸せという視点からとらえることが必要に思われる。人材養成という視点が強くなれば強くなるほど、そこから生じるマイナス面を補完するため、一人ひとりの子どもが幸せに生きられるための教育という視点を大切にすることが求められるのである。そして日本の教師たちは、伝統的に、これまでもこうした視点を大切にしてきたはずなのである。教育の本質が、「注入する」ことではなく「引き出す」ことにあるとするならば、子どもたち一人ひとりの内面から現れ出てくるものを、辛抱強く待ち、見取っていくような教育が同時に求められているはずである。教育基本法に規定された PDCA サイクルに基づく目標達成のための教育を実践しつつも、教師は、その流れからこぼれ落ちてくるものを大切にしなければならない。教師は、現代社会において、引き裂かれつつも、二つの正反対に方向づけられた役割を果たさなければならないのである。

3．教育三法の改正及びチーム学校について

教育基本法の改正に伴い、教育三法が、新しい教育基本法の目的に沿った方向で、改正されてきている。以下において、ごく簡単にだが、改正のポイントについて説明する。

（1）学校教育法の改正

①改正教育基本法の新しい教育理念を踏まえ、新たに義務教育の目標を定めるとともに、幼稚園から大学までの各学校種の目的・目標の見直し。
②学校に副校長等（主幹教諭、指導教諭）の新しい職を置くことができることとし、組織としての学校の力を強化。
③学校評価と情報提供に関する規定の整備。

これらは、教育を組織的に管理していくために必要な改正である。①に関しては、確かな学力を育むにあたって重視すべき点として、○基礎的な知識及び技能の習得、○これらを活用して課題を解決するために必要な思考力、判断力、表現力その他の能力の育成、○主体的に学習に取り組む態度を養うこと、のいわゆる学力の3要素が明確化された点が重要である。②の新しい職は、学校における組織運営体制の確立を図ることを目的に設置されたもの

である。③については、PDCA サイクルを動かし学校運営の改善を図ることを目的にしている。また、とくに幼稚園の教育については、家庭及び地域における幼児期の教育の支援に努める規定や預かり保育の規定が新設され、さらに学校種の規定順について、最後だった幼稚園が最初に規定されることになったが、そこからは幼児教育を重視していることが示唆される。

（2）地方教育行政の組織及び運営に関する法律の改正

①教育委員会の責任体制の明確化や体制の充実、教育における地方分権の推進と国の責任の果たし方等についての規定を整備し、保護者が安心して子どもを学校に預けうる体制を構築。
②教育長が教育委員長を兼ねること及び首長による会議の設定、「大綱」の策定など。

何度かにわたり改正されているが、やはり組織的に教育を運営していくために必要な改正である。滋賀県大津市で起きたいじめ事件への反省もあり、組織として迅速に対応できることを目指し、首長や教育行政担当者の権限を強化した。資料3は、その改正の一部である。この改正においては、教育委員長の教育長への一本化、総合教育会議の設置、大綱の策定などが決められ、責任体制を明確化し、迅速に危機管理が行える体制づくりが行われた。だが、それは一方では、教育長、さらには首長の管理が強まることを意味する。

（3）教育職員免許法及び教育公務員特例法の改正

①教員免許更新制を導入。
②指導が不適切な教員の人事管理を厳格化し、教員に対する信頼を確立する仕組みを構築。

すでに述べたように、教育基本法下においては教師に高い専門性が求められている。新たに新設された教育基本法第9条第2項に即して免許状更新講習は運用されていることになる。教員免許状に10年間の有効期限が設けられ、更新には30時間以上の免許状更新講習を終了することを求められる。免許状更新講習は2016（平成28）年4月に改変され、選択必修領域が導入された（資料4、資料5）。
　2015（平成27）年12月には、「これからの学校教育を担う教員の資質能力の向上について」（答申）が出された。資料6は、その概要である。そこでは、養成・採用・研修の一体化がうたわれているが、そのためには教員免許を出す大学と教育委員会が、求められる教員

資料3　文部科学省「教育委員会制度、こう変わる」(2015〈平成27〉年4月1日)

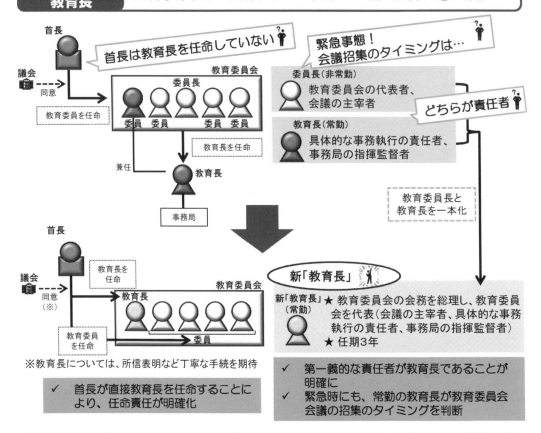

POINT② 教育委員会　教育長へのチェック機能の強化と会議の透明化

- 新「教育長」の判断による教育委員への迅速な情報提供や会議の招集の実現。
- 教育委員によるチェック機能の強化のため、
  ・教育委員の定数1／3以上からの会議の招集の請求が可能
  ・教育委員会規則で定めるところにより、教育長に委任した事務の管理・執行状況を報告する義務について規定。
- 会議の透明化のため、原則として、会議の議事録を作成・公表すること。

✓ 教育委員会の審議の活性化

改革>
おける責任体制の明確化
の審議の活性化
管理体制の構築
を代表する首長との連携の強化
る自殺等が起きた後においても、再発防止の
教育委員会に指示できることを明確化

政治的中立性の確保

◆ 教育委員会は、引き続き、執行機関
◆ 総合教育会議で、首長と協議・調整は行うが、最終的な執行権限は教育委員会に留保されている。

POINT③ 総合教育会議　すべての地方公共団体に「総合教育会議」を設置

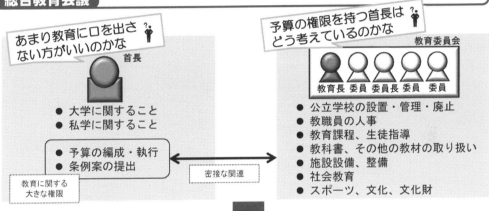

総合教育会議の設置

- □ 首長が招集。会議は原則公開。
- □ 構成員は首長と教育委員会。
  （必要に応じ意見聴取者の出席を要請）
- □ 協議・調整事項は以下のとおり。
  ①教育行政の大綱の策定
  ②教育の条件整備など重点的に講ずべき施策
  ③児童・生徒等の生命・身体の保護等緊急の場合に講ずべき措置

✓ 首長が教育行政に果たす責任や役割が明確になるとともに、首長が公の場で教育政策について議論することが可能に
✓ 首長と教育委員会が協議・調整することにより、両者が教育政策の方向性を共有し、一致して執行にあたることが可能に

POINT④ 大綱　教育に関する「大綱」を首長が策定

- □ 大綱とは、教育の目標や施策の根本的な方針。
- □ 総合教育会議において、首長と教育委員会が協議・調整を尽くし、首長が策定。
- □ 首長及び教育委員会は、策定した大綱の下に、それぞれの所管する事務を執行。

✓ 地方公共団体としての教育政策に関する方向性が明確化

の資質について共有することが必要である。そうした協議・調整のために教員育成協議会が設置され、教員育成指標の策定が求められている。また答申を受けて、教育公務員特例法が改正された。そこでは、10年次経験者研修の見直しがなされ、中堅教諭等資質向上研修として規定されるようになっている。

　また、この答申において、「チーム学校」についても触れられている（資料7）。「チームとしての学校」とは、教職員や学校内の多様な人材が、それぞれの専門性を生かして能力を発揮する学校である。そのためには、現在たくさんの仕事を抱え込んでいる教員の負担を軽減するための専門職員の配置が求められることになる。「チーム学校」の背景には、40人学級から35人学級へという発想が国の厳しい財政状況の中で困難になっているため、教員を増やすという発想から、多様な専門家を学校の中に位置づけることにより、指導の充実を図ろうという方向へと転換しつつあるということを意味している。

資料4　教員免許更新制の導入（教育職員免許法・施行日：2009〈平成21〉年4月1日）について

［要点］

○その時々で教員として必要な資質能力が保持されるよう，定期的に最新の知識技能の修得を図り，教員が自信と誇りを持って教壇に立ち，社会の尊敬と信頼を得ることを目指して，教員免許更新制を導入した。

○教員免許状（平成21年4月1日以降に授与されたもの）の有効期間

・普通免許状及び特別免許状に10年間の有効期間を定める。

○有効期間の更新

・免許状の有効期間は，その満了の際，申請により更新することができる。

・免許管理者（都道府県教育委員会）は，最新の知識技能の修得を目的とする免許状更新講習を修了した者等について，免許状の有効期間を更新する。

・災害その他やむを得ない事由があると認められる場合には，有効期間を延長できる。

○施行前（平成21年3月31日まで）に授与された免許状を有する者の取扱い

・施行前に授与された免許状を有している教員等は，10年ごとに免許状更新講習を修了したことの確認を受けなければならない。

・講習を修了できなかった者の免許状は，その効力を失う。

［ポイント］

1．教員免許状の有効期間

・更新制を導入するため，普通免許状及び特別免許状の有効期間を，授与から10年後の年度末までとした。

（例：平成 22 年 3 月 25 日に授与された免許状は平成 32 年 3 月 31 日まで有効）

・複数の免許状を有する者の有効期間は，最後に授与された免許状を基準とし，最も遅く満了となる有効期間に統一。

（例：平成 22 年 3 月 25 日に中学校教諭免許状，平成 23 年 3 月 25 日に小学校教諭免許状を授与された場合は，両免許状は平成 33 年 3 月 31 日まで有効）

2．有効期間の更新

・更新を受けようとする者は，更新を行う免許管理者が定める書類を添付して更新の申請をする必要がある。

・更新できる者は，

①免許状更新講習を修了した者

②知識技能等を勘案して免許管理者が認めた者（免除対象者）

とする。

・やむをえない事由により免許状更新講習の課程を修了できないと認められるときは，相当の期間を定めて，免許状の有効期間を延長することができる。

3．免許状更新講習

・免許状更新講習は，教員として必要な最新の知識技能の修得を目的とし，大学等が文部科学大臣の認定を受けて開設する。

・免許状更新講習の時間は，30 時間以上である。

・受講対象者は，教員等教育の職にある者，教員になる予定の者であり，ペーパーティーチャーや，指導改善研修を命ぜられた者は免許状更新講習を受講できない。

4．施行前（平成 21 年 3 月 31 日まで）に授与された免許状を有する者の取扱い

・この法律の施行前に授与されている普通免許状又は特別免許状（旧免許状）を有する者の免許状には，有効期間の定めはない。

・上記の者のうち現職の教員及び教員になる予定の者は，更新講習の修了確認（平成 21 年 4 月 1 日以降に授与された免許状における「更新」に相当）を，文部科学省令で定める日及びその後 10 年ごとの日（修了確認期限，平成 21 年 4 月 1 日以降に授与された免許状における「有効期間の満了の日」に相当）までに，受ける必要がある。

・旧免許状を有する教員が，修了確認期限までに更新講習の修了確認を受けなかった場合には，その者の有する免許状はその効力を失う。

資料5　文部科学省「選択必修領域の導入について」(2016〈平成28〉年4月)

～平成28年4月から免許状更新講習の内容が変わります～

【目的】
　受講者の希望やニーズに基づき、これまでの「必修領域」の内容を精選し、受講者が所有する免許状の種類、勤務する学校の種類又は教育職員としての経験に応じて、適時に現代的な教育課題を学べるようにする。

【内容】
　○これまでの「必修領域」の内容及び時間数の見直し（12時間→6時間）
　○学校種・免許種等に応じた「選択必修領域」の導入（6時間）

【施行日】
　平成28年4月1日　※経過措置あり

今までの免許状更新講習の内容

計30時間

必修領域（12時間）
選択領域（18時間）

これからの免許状更新講習の内容

計30時間

必修領域（6時間）
選択必修領域（6時間）
選択領域（18時間）

【必修領域】
① 学校を巡る近年の状況の変化
② 教員としての子ども観、教育観等についての省察
③ 子どもの発達に関する脳科学、心理学等における最新の知見（特別支援教育に関するものを含む。）
④ 子どもの生活の変化を踏まえた課題
⑤ 学習指導要領の改訂の動向等
⑥ 法令改正及び国の審議会の状況等
⑦ 様々な問題に対する組織的対応の必要性
⑧ 学校における危機管理上の課題

【選択領域】
○幼児、児童又は生徒に対する指導上の課題

【必修領域】
☆国の教育政策や世界の教育の動向
②～④は、これまで同様、必修領域に位置付け

【選択必修領域】
①及び⑤～⑧は、選択必修領域に位置付け
☆カリキュラム・マネジメント
☆アクティブ・ラーニングなどの観点からの指導方法の工夫・改善
☆教育相談（いじめ及び不登校への対応を含む）
☆進路指導及びキャリア教育
☆学校、家庭及び地域の連携及び協働
☆道徳教育
☆英語教育
☆国際理解及び異文化理解教育
☆教育の情報化（情報通信技術を利用した指導及び情報教育（情報モラルを含む）等）

※この中から、学校種・免許種等に応じて選択（6時間）

【選択領域】
○幼児、児童又は生徒に対する教科指導及び生徒指導上の課題

経過措置について

　施行日（平成28年4月1日）より前に、改正前の必修領域（12時間）を履修し、その認定を受けた場合、新たに選択必修領域を履修する必要はありません。（改正後の必修領域及び選択必修領域について、履修認定を受けたとみなします）
　また、改正前の選択領域を履修し、その認定を受けた場合、改正後の選択領域について同時間の履修認定を受けたとみなします。

資料6　文部科学省「これからの学校教育を担う教員の資質能力の向上について（答申のポイント）」（2015〈平成27〉年12月）

背景
- 教育課程・授業方法の改革（アクティブ・ラーニングの視点からの授業改善、教科等を越えたカリキュラム・マネジメント）への対応
- 英語、道徳、ICT、特別支援教育等、新たな課題への対応
- 「チーム学校」の実現
- 社会環境の急速な変化
- 学校を取り巻く環境変化
  - 大量退職・大量採用→年齢、経験年数の不均衡による弊害
  - 学校教育課題の多様化・複雑化

主な課題

【研修】
- 教員の学ぶ意欲は高いが多忙で時間確保が困難
- 自ら学び続けるモチベーションを維持できる環境整備が必要
- アクティブ・ラーニング型研修への転換が必要
- 初任者研修・十年経験者研修の制度や運用の見直しが必要

【採用】
- 優秀な教員の確保のための求める教員像の明確化、選考方法の工夫が必要
- 採用選考試験への支援方策が必要
- 採用に当たって学校内の年齢構成の不均衡の是正に配慮することが必要

【養成】
- 「教員となる際に最低限必要な基礎的・基盤的な学修」という認識が必要
- 学校現場や教職に関する実際を体験させる機会の充実が必要
- 教職課程の質の保証・向上が必要
- 教科・教職に関する科目の分断と細分化の改善が必要

【全般的事項】
- 大学等と教育委員会の連携のための具体的な制度的枠組みが必要
- 幼稚園、小学校、中学校、高等学校及び特別支援学校等の特徴や違いを踏まえ、制度設計を進めていくことが重要
- 新たな教育課題（アクティブ・ラーニングの視点からの授業改善、ICTを用いた指導法、道徳、英語、特別支援教育）に対応した養成・研修が必要

【免許】 ○義務教育学校制度の創設や学校現場における多様な人材の確保が必要

具体的方策　○養成・採用・研修を通じた方策～「教員は学校で育つ」との考えの下、教員の学びを支援～

キャリア段階	改革	内容
ベテラン段階 より広い視野で役割を果たす時期 中堅段階 「チーム学校」の一員として専門性を高め、連携・協働を深める時期 1～数年目 教職の基盤を固める時期	現職研修の改革	**【継続的な研修の推進】** ・校内の研修リーダーを中心とした体制作りなど校内研修推進のための支援等の充実 ・メンター方式の研修（チーム研修）の推進 ・大学、教職大学院等との連携、教員育成協議会活用の推進 ・新たな課題（英語、道徳、ICT、特別支援教育）やアクティブ・ラーニングの視点からの授業改善等に対応した研修の推進・支援 **【初任研改革】** ・初任研運用方針の見直し（校内研修の重視・校外研修の精選） ・2、3年目など初任段階の教員への研修との接続の促進 **【十年研改革】** ・研修実施時期の弾力化 ・目的・内容の明確化（ミドルリーダー育成） **【管理職研修改革】** ・新たな教育課題等に対応したマネジメント力の強化 ・体系的・計画的な管理職の養成・研修システムの構築
採用段階	採用段階の改革	・円滑な入職のための取組（教師塾等の普及） ・教員採用試験の共同作成に関する検討 ・特別免許状の活用等による多様な人材の確保
養成段階 「学び続ける教師」の基礎力を身につける時期	養成内容の改革	・新たな課題（英語、道徳、ICT、特別支援教育）やアクティブ・ラーニングの視点からの授業改善等に対応した教員養成への転換 ・学校インターンシップの導入（教職課程への位置付け） ・教職課程に係る質保証・向上の仕組み（教職課程を統括する組織の設置、教職課程の評価の推進など）の促進 ・「教科に関する科目」と「教職に関する科目」の統合など科目区分の大くくり化

教員育成指標

【現職研修を支える基盤】
- （独）教員研修センターの機能強化（研修ネットワークの構築、調査・分析・研究開発を担う全国的な拠点の整備）
- 教職大学院等における履修証明制度の活用等による教員の資質能力の高度化
- 研修機会の確保等に必要な教職員定数の拡充
- 研修リーダーの養成、指導教諭や指導主事の配置の充実

○ 学び続ける教員を支えるキャリアシステムの構築のための体制整備
- 教育委員会と大学等との協議・調整のための体制（教員育成協議会）の構築
- 教育委員会と大学等の協働による教員育成指標、研修計画の全国的な整備
- 国が大綱的に教員育成指標の策定指針を提示、教職課程コアカリキュラムを関係者が共同で作成
  （グローバル化や新たな教育課題などを踏まえて作成）

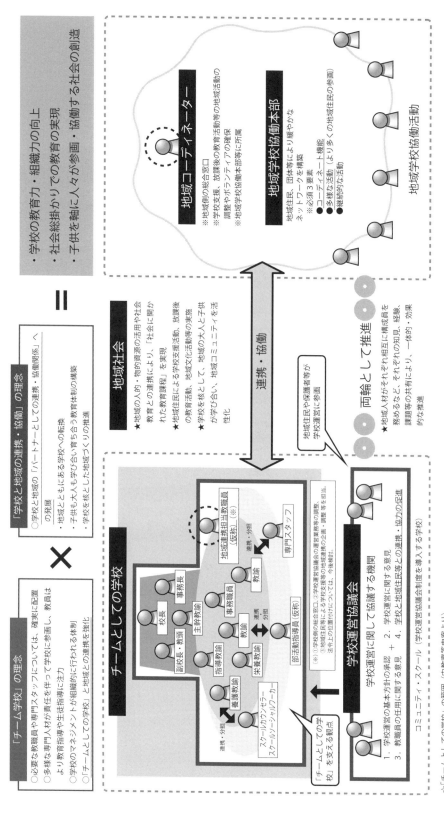

資料7 文部科学省「学校と地域の効果的な連携・協働と推進体制（イメージ）」(2017〈平成29〉年12月)

4．今日の子どもの学力・学習状況について
——近年の学力調査等の結果を踏まえて

　現代の日本では学力向上が大きな課題となっている。その理由はいくつかあるように思われる。

　一つは競争原理の激化である。グローバリズム社会において、競争相手は世界に広がってきていて、技術がこれまでには考えられないようなスピードで進んでいく。知識基盤社会の到来である。そうした状況の中で、学力を高めることが求められ、それも単なる知識を有しているといった学力ではなく、「生きる力」につながる学力が求められるようになっている。日本社会が世界における経済的地位を高めるために、学力向上は求められているのである。この点は、すでに教育基本法や教育三法の改正について考えてきたとおりである。2008（平成20）年学習指導要領においても「生きる力」の育成が課題とされている。そして「生きる力」に対応する学力が求められるようになる。学習指導要領では、学力の3要素[8]（①基礎的・基本的な知識・技能、②これらを活用して課題を解決するために必要な思考力・判断力・表現力、③主体的に学習に取り組む態度）が示され、こうした学力を育成するために「言語活動の充実」が位置づけられた。

　第二に、学力の可視化が求められていることである。学力を着実に向上させるためには、PDCAサイクルを確立する必要があり、そのためには学力をきちんと定義することを求められる。そうした状況で、学力は可視化できる学力へと狭められてとらえられることになる。今回改訂された学習指導要領においては、「主体的・対話的で深い学び」が大きな柱となった。これまでの学習指導要領とは異なり、「どのように学ぶか」が規定され、同時に「何ができるようになるか」という視点が強く意識されるようになる。そして、学習指導要領は「学びの地図」としての役割を果たすことを求められるようになったのである。このことは、学習指導要領がPDCAサイクルを意識しているということを意味することになるだろう。

　三つ目の理由も、グローバリズム社会に関係する。グローバリズム社会における不安の高まりである。グローバリズム社会においては、それまでの常識は通用しなくなり、先が見えない状況の中で人々は不安になる。だからこそ、これからの社会を見通すことができなくなった大人たちは、学力といった可視化できるものにしがみつき、学力さえ育てればなんとかなると考えたくなる。ところが、一方、子どもたちは、見通せない社会の中で、不安になり、意欲や自信を失い、さらには学びの意味（道具的動機付け）を見失っていく。つまり「学びからの逃走」が生じるのである。そして、子どもたちの存在が不確かになり、彼らの自尊

感情（自己肯定感）が低下してしまう。こうした状況において、国はまさに、どうしたら「学ぶ意欲」を取り戻せるのかを課題にしなければならないのである。

　こうした時代において、教師は何を考えなければならないのだろうか。もちろん、学力を向上させることは重要である。ただ、本当に「主体的・対話的で深い学び」を成立させるためには、子ども一人ひとりにとっての学びの意味を丁寧にとらえていくことが求められるだろう。子どもたちは、本来は、自らの内に不断に成長する力をもっているはずである。そして教育の役割は、そうした力を引き出すことである。つまり学力について考える際には、子どもたちが自らの内に宝物をもった存在であることへの畏敬が求められるのである。そして同時に，子ども一人ひとりの存在を認め、彼らの自尊感情を高めていくことを求められるのである。以下、学力問題を、学力低下、学力の質、学習意欲の三つの視点から概観してみよう。

（1）学力問題Ⅰ：学力低下――国際調査等における結果から

　苅谷剛彦らは、1989（平成元）年と2001（平成13）年の学力調査を比較し、学力低下を指摘し、これまでの学力論争が、数字に基づいて議論されてこなかったことを批判した[9]。彼らは、同時に、社会階層による学習意欲への格差、さらには基礎学力と考える力の相関などを指摘している。表1はPISA調査の結果である。PISA調査は、OECD実施の学習到達度調査であり、2000（平成12）年から3年ごとに実施されている。義務教育終了段階での生活力を測ることを目的とし、読解力、数学的リテラシー、科学的リテラシーの三つの評価の分

表1　PISA調査における日本の結果の概要

		2000年	2003年	2006年	2009年	2012年	2015年
読解力	得点 （参加国中順位）	522 （8位/32）	498 （14位/41）	498 （15位/57）	520 （8位/65）	538 （4位/65）	516 （8位/72）
	OECD平均得点	500	494	492	493	496	493
	参加国中順位の 範囲※	3〜10位	12〜22位	11〜21位	5〜9位	2〜5位	5〜10位
数学的リテラシー	得点 （参加国中順位）	557 （1位/32）	534 （6位/41）	523 （10位/57）	529 （9位/65）	536 （7位/65）	532 （5位/72）
	OECD平均得点	500	500	498	496	494	490
	参加国中順位の 範囲	1〜3位	3〜10位	6〜13位	8〜12位	6〜9位	5〜6位
科学的リテラシー	得点 （参加国中順位）	550 （2位/32）	548 （2位/41）	531 （6位/57）	539 （5位/65）	547 （4位/65）	538 （2位/72）
	OECD平均得点	500	500	500	501	501	493
	参加国中順位の 範囲	1〜2位	1〜3位	3〜9位	4〜6位	3〜6位	2〜3位

註：　平均得点には誤差が含まれるため、統計的に考えられる上位及び下位の順位を全参加国の中で示したもの。
出典：国立教育政策研究所編『生きるための知識と技能6　OECD生徒の学習到達度調査（PISA）2009年調査国際結果報告書』（明石書店、2016年）をもとに筆者作成。

28　第1部　教育の最新事情

野からなっている。この PISA 調査の結果を見ても、2000（平成 12）年の調査と比較して、2003（平成 15）年、2006（平成 18）年の学力が低下しているように見える。その後、現学習指導要領のもとでの教師の努力により、学力は再び向上している。

（2）学力問題Ⅱ：学力の質

　学力に関する二つ目の課題は、学力の質の問題である。PISA 調査の結果などから、日本の子どもたちは、基本的知識・技能の習得においては一定の成果は挙げているが、知識・技能の活用の面、読解力や記述式問題において課題があるということが指摘された。全国学力・学習状況調査における調査問題の B 問題からとらえられる学力が低い、あるいは思考力・判断力・表現力などの活用力に関わる学力が低いということである。

　それでは教師は、学力の質を高めるために、どのようなことに気をつけなければならないのだろうか。それは、授業の中で子どもたちに、（1）表現の場を準備し、（2）子どもたちの表現の中に隠されている彼らの思考や判断を丁寧に見取っていくことだろう。学力の質を高めるためには、一人ひとりの子どもの思いに寄り添い、教師側の見方によってではなく、彼らがその表現に込めた思いを、そのものとしてとらえることが必要である。つまり、学力の質を高めるためには教師の見る力を育てることが求められるのである。

（3）学力問題Ⅲ：学習意欲

　すでに述べたように、現代の子どもたちが抱えているのは、子どもたちの学習意欲の低下、さらには学ぶことの意味の喪失、といった問題である。現代社会の在り方と深く関わり、自己形成の困難や自尊感情の低下と同時的に生じている課題であり、学習習慣の問題には還元できない（資料 8）。

　まずは実態をとらえるために資料 9 を見てみよう。PISA 調査における数学的リテラシーの平均点の国際比較である。日本の子どもたちは、すでに述べたように、調査への参加国が増加する中で、非常に高い位置にいることがわかる。ところが、次に、資料 10-1 及び資料 10-2 を見てみよう。点数が高いにもかかわらず、「数学における興味・関心や楽しみ」「数学における道具的動機付け」（数学が将来役に立つと思っているかどうか）、あるいは資料にはないが、「数学における自己効力感」「数学における自己概念」「数学における不安」のどの項目をとっても日本の子どもたちの意欲・自信が他国に比べて低いことがわかる。だが、一方で、教師の努力のおかげか、日本における最近の変化に注目すると、「数学における興味・関心や楽しみ」「数学における道具的動機付け」「数学における自己効力感」が高まっている

第 1 章　国際比較から見る教育政策の動向　　*29*

資料8　文部科学省『OECD 生徒の学習到達度調査―2012 年調査分析資料集―』

授業以外の学習時間（数学、国語、理科）

国　名	数　学						国　語						理　科					
	まったくしない		週に4時間未満		週に4時間以上		まったくしない		週に4時間未満		週に4時間以上		まったくしない		週に4時間未満		週に4時間以上	
	割合	標準誤差	割合	標準誤差	割合	標準誤差	割合	標準誤差	割合	標準誤差	割合	標準誤差	割合	標準誤差	割合	標準誤差	割合	標準誤差
オーストラリア	72.9	(0.6)	23.0	(0.6)	4.1	(0.2)	80.2	(0.5)	16.5	(0.5)	3.3	(0.2)	84.5	(0.5)	12.6	(0.5)	2.8	(0.2)
オーストリア	76.9	(1.0)	20.8	(1.0)	2.3	(0.3)	91.6	(0.7)	7.6	(0.6)	0.8	(0.2)	94.6	(0.6)	4.7	(0.5)	0.7	(0.2)
ベルギー	65.5	(0.8)	27.8	(0.7)	6.7	(0.4)	75.9	(0.6)	19.2	(0.6)	4.9	(0.3)	75.1	(0.8)	21.1	(0.8)	3.8	(0.3)
カナダ	72.7	(0.7)	22.9	(0.6)	5.3	(0.3)	80.4	(0.5)	15.2	(0.4)	4.4	(0.2)	80.3	(0.6)	15.6	(0.5)	4.1	(0.3)
チリ	62.4	(1.1)	22.9	(0.9)	14.7	(0.7)	72.3	(1.0)	14.3	(0.8)	13.4	(0.7)	71.4	(0.9)	21.2	(0.8)	7.4	(0.5)
チェコ	63.2	(1.1)	31.0	(0.9)	5.7	(0.6)	69.0	(1.0)	27.1	(0.9)	3.9	(0.5)	67.2	(1.2)	27.3	(1.1)	5.5	(0.5)
デンマーク	59.0	(0.9)	32.9	(0.9)	8.0	(0.5)	60.7	(0.8)	28.2	(0.9)	11.1	(0.6)	63.7	(0.9)	33.1	(0.8)	3.2	(0.3)
エストニア	63.2	(1.0)	27.2	(0.9)	9.6	(0.6)	74.9	(0.9)	20.8	(0.8)	4.9	(0.5)	70.7	(0.9)	24.9	(0.9)	4.5	(0.4)
フィンランド	52.6	(0.9)	37.8	(1.0)	9.6	(0.5)	53.1	(0.9)	41.4	(1.0)	5.4	(0.5)	54.0	(0.9)	41.4	(1.0)	4.7	(0.4)
フランス	64.4	(1.1)	29.7	(0.9)	5.9	(0.4)	72.1	(0.9)	22.1	(0.8)	5.8	(0.4)	73.7	(0.9)	22.9	(0.9)	3.4	(0.3)
ドイツ	71.4	(0.9)	25.6	(0.8)	3.0	(0.3)	84.0	(0.8)	14.3	(0.8)	1.7	(0.2)	84.7	(0.7)	13.4	(0.7)	1.9	(0.3)
ギリシャ	44.7	(1.3)	39.8	(1.3)	15.6	(0.8)	64.1	(0.9)	31.4	(0.9)	4.6	(0.5)	52.3	(1.2)	35.9	(1.1)	11.8	(0.7)
ハンガリー	69.4	(0.9)	28.3	(0.9)	2.3	(0.3)	88.0	(0.6)	10.5	(0.6)	1.5	(0.2)	87.1	(0.7)	11.2	(0.7)	1.7	(0.2)
アイスランド	68.1	(1.0)	24.9	(0.9)	7.1	(0.6)	80.6	(0.9)	13.4	(0.7)	6.0	(0.5)	85.1	(0.8)	12.8	(0.7)	2.1	(0.3)
アイルランド	75.9	(0.8)	21.2	(0.8)	2.9	(0.3)	87.6	(0.8)	10.3	(0.7)	2.1	(0.3)	88.1	(0.7)	10.2	(0.6)	1.7	(0.2)
イスラエル	48.2	(1.3)	41.7	(1.2)	10.1	(0.7)	73.4	(1.1)	23.1	(1.0)	3.5	(0.3)	77.5	(0.9)	17.7	(0.8)	4.8	(0.4)
イタリア	48.8	(0.5)	39.8	(0.5)	11.4	(0.3)	61.9	(0.6)	26.9	(0.5)	11.2	(0.4)	63.7	(0.5)	30.8	(0.5)	5.5	(0.2)
日本	30.2	(1.2)	55.7	(1.2)	14.1	(1.0)	42.4	(1.1)	53.5	(1.0)	4.1	(0.4)	45.8	(1.1)	50.3	(1.0)	3.9	(0.4)
韓国	34.0	(1.6)	39.7	(1.6)	26.3	(1.1)	47.5	(2.0)	42.8	(2.0)	9.8	(0.8)	60.8	(2.1)	32.3	(1.9)	6.9	(0.8)
ルクセンブルク	63.0	(0.8)	29.1	(0.8)	7.9	(0.4)	77.3	(0.7)	17.8	(0.7)	5.0	(0.4)	77.2	(0.7)	19.1	(0.6)	3.8	(0.3)
メキシコ	55.9	(0.6)	30.8	(0.5)	13.4	(0.3)	61.6	(0.5)	27.1	(0.5)	11.3	(0.3)	59.7	(0.5)	28.3	(0.5)	12.1	(0.3)
オランダ	71.8	(1.1)	24.3	(1.0)	3.9	(0.5)	79.3	(1.2)	17.6	(1.0)	3.1	(0.4)	80.7	(1.0)	16.0	(0.9)	3.3	(0.4)
ニュージーランド	72.6	(1.2)	20.9	(1.1)	6.5	(0.5)	79.0	(1.1)	14.6	(0.9)	6.3	(0.6)	81.3	(0.9)	13.1	(0.7)	5.6	(0.5)
ノルウェー	77.3	(0.8)	18.3	(0.8)	4.4	(0.4)	82.9	(0.6)	12.9	(0.6)	4.2	(0.4)	83.9	(0.7)	14.3	(0.6)	1.8	(0.3)
ポーランド	52.4	(1.3)	44.1	(1.4)	3.5	(0.5)	65.0	(1.5)	32.1	(1.5)	3.0	(0.4)	64.3	(1.3)	33.2	(1.3)	2.6	(0.3)
ポルトガル	46.4	(1.0)	39.3	(1.0)	14.2	(0.7)	57.2	(1.0)	33.8	(0.9)	8.9	(0.7)	69.2	(1.0)	24.7	(0.9)	6.2	(0.5)
スロバキア	69.5	(1.1)	26.7	(1.1)	3.9	(0.5)	77.3	(0.9)	19.1	(0.8)	3.5	(0.4)	82.0	(0.9)	15.1	(0.8)	2.9	(0.3)
スロベニア	72.6	(1.0)	24.9	(1.0)	2.5	(0.3)	87.8	(0.7)	10.7	(0.6)	1.5	(0.2)	84.8	(0.9)	13.7	(0.9)	1.5	(0.2)
スペイン	61.3	(0.9)	30.5	(0.7)	8.1	(0.5)	81.2	(0.6)	15.0	(0.6)	3.7	(0.2)	76.1	(0.7)	19.2	(0.6)	4.5	(0.3)
スウェーデン	60.4	(1.0)	33.6	(1.0)	6.0	(0.6)	63.7	(1.0)	30.6	(0.9)	5.7	(0.5)	64.0	(1.0)	29.9	(0.9)	6.0	(0.5)
スイス	71.3	(0.9)	24.2	(0.8)	4.5	(0.4)	80.5	(0.6)	16.2	(0.6)	3.3	(0.3)	82.8	(0.7)	15.4	(0.6)	1.9	(0.2)
トルコ	66.1	(1.3)	24.0	(1.1)	9.9	(0.6)	75.1	(1.1)	19.6	(1.0)	5.3	(0.4)	76.0	(1.1)	16.5	(0.7)	7.5	(0.7)
イギリス	58.3	(1.2)	32.8	(1.3)	8.9	(0.7)	66.6	(1.0)	24.9	(1.1)	8.5	(0.7)	65.1	(1.0)	24.4	(1.1)	10.5	(0.8)
アメリカ	70.3	(1.0)	23.8	(0.9)	5.9	(0.4)	74.7	(0.9)	20.2	(0.9)	5.1	(0.4)	75.4	(0.9)	19.5	(0.9)	5.0	(0.4)
OECD 平均	62.1	(0.2)	30.0	(0.2)	7.9	(0.1)	72.6	(0.2)	22.1	(0.1)	5.3	(0.1)	73.6	(0.2)	21.8	(0.1)	4.6	(0.1)
アルバニア	40.8	(1.1)	48.6	(1.1)	10.6	(0.7)	52.9	(1.3)	38.7	(1.2)	8.4	(0.6)	56.0	(1.1)	37.6	(1.0)	6.4	(0.5)
アルゼンチン	63.4	(1.1)	33.0	(1.0)	3.6	(0.3)	74.7	(0.9)	22.4	(0.8)	2.9	(0.3)	73.2	(1.0)	23.1	(0.9)	3.5	(0.5)
ブラジル	41.8	(0.9)	42.1	(0.6)	16.1	(0.5)	46.0	(0.8)	40.6	(0.7)	13.5	(0.5)	50.6	(0.8)	42.5	(0.8)	7.0	(0.3)
ブルガリア	60.1	(0.9)	33.9	(0.8)	6.0	(0.5)	69.3	(1.0)	25.8	(0.9)	5.0	(0.4)	64.7	(1.1)	21.5	(0.8)	13.5	(0.7)
コロンビア	34.5	(1.4)	42.9	(1.4)	22.6	(1.0)	42.6	(1.7)	40.7	(1.5)	16.8	(1.0)	36.5	(1.3)	45.2	(1.1)	18.2	(1.0)
コスタリカ	57.0	(1.4)	33.9	(1.3)	9.0	(0.5)	78.2	(1.0)	16.2	(0.9)	5.6	(0.4)	72.4	(0.9)	19.7	(0.8)	7.9	(0.4)
クロアチア	65.2	(1.2)	31.4	(1.1)	3.4	(0.3)	88.5	(0.7)	9.1	(0.6)	2.4	(0.3)	85.8	(0.8)	13.1	(0.7)	1.1	(0.2)
キプロス	37.5	(0.9)	57.8	(0.9)	4.7	(0.4)	82.0	(0.7)	15.3	(0.7)	2.7	(0.3)	81.0	(0.7)	15.8	(0.7)	3.1	(0.3)
香港	53.3	(1.2)	40.7	(1.1)	6.0	(0.4)	75.5	(1.1)	22.5	(1.2)	2.0	(0.3)	71.0	(1.0)	24.3	(0.8)	4.7	(0.5)
インドネシア	54.0	(1.7)	37.4	(1.5)	8.7	(0.7)	65.0	(1.6)	28.5	(1.4)	6.5	(0.6)	56.6	(1.6)	34.9	(1.3)	8.5	(0.7)
ヨルダン	51.3	(0.9)	33.4	(0.9)	15.3	(0.6)	62.8	(1.0)	24.8	(0.9)	12.5	(0.6)	55.2	(1.0)	30.2	(1.0)	14.7	(0.6)
カザフスタン	29.6	(1.3)	53.9	(1.1)	16.5	(0.9)	42.1	(1.4)	50.5	(1.4)	7.4	(0.5)	41.6	(1.3)	44.4	(1.1)	14.0	(0.7)
ラトビア	55.6	(1.3)	39.8	(1.2)	4.6	(0.5)	73.0	(1.2)	24.7	(1.2)	2.2	(0.3)	82.0	(1.1)	15.9	(0.9)	2.1	(0.3)
リヒテンシュタイン	74.0	(3.3)	21.7	(3.3)	4.3	(1.3)	84.1	(2.6)	13.9	(2.5)	2.0	(1.0)	85.0	(2.5)	13.3	(2.5)	1.7	(0.9)
リトアニア	59.6	(1.2)	33.6	(1.3)	6.8	(0.5)	66.7	(1.1)	25.2	(1.0)	8.1	(0.5)	67.1	(1.0)	27.1	(0.9)	5.7	(0.4)
マカオ	59.5	(0.9)	29.9	(0.8)	10.5	(0.6)	75.5	(0.7)	20.2	(0.7)	4.4	(0.4)	73.8	(0.7)	21.1	(0.7)	5.1	(0.4)
マレーシア	28.0	(0.8)	55.7	(0.8)	16.3	(0.8)	37.0	(0.8)	53.1	(0.9)	10.0	(0.6)	31.2	(0.9)	54.0	(0.9)	14.9	(0.7)
モンテネグロ	62.2	(1.0)	31.6	(0.8)	6.2	(0.4)	85.4	(0.6)	10.7	(0.6)	3.9	(0.4)	81.6	(0.7)	14.8	(0.6)	3.6	(0.4)
ペルー	28.1	(0.9)	43.2	(0.9)	28.6	(0.8)	33.7	(1.2)	42.8	(0.9)	23.5	(0.8)	32.8	(1.1)	49.4	(1.0)	17.8	(0.8)
カタール	42.2	(0.6)	39.3	(0.6)	18.5	(0.4)	60.2	(0.5)	30.8	(0.4)	9.0	(0.3)	46.4	(0.5)	34.9	(0.5)	18.7	(0.4)
ルーマニア	57.8	(1.0)	35.1	(0.8)	7.1	(0.5)	62.6	(1.2)	30.3	(1.1)	7.1	(0.6)	68.2	(1.1)	26.5	(1.0)	5.2	(0.5)
ロシア	30.0	(1.6)	59.1	(1.4)	10.9	(0.6)	37.9	(1.8)	55.9	(1.7)	6.2	(0.4)	55.7	(1.5)	37.8	(1.5)	6.5	(0.4)
セルビア	55.3	(1.1)	38.1	(1.0)	6.6	(0.5)	74.4	(1.0)	21.4	(0.7)	4.2	(0.4)	71.4	(0.9)	23.2	(0.9)	5.4	(0.5)
上海	29.3	(1.1)	55.1	(1.1)	15.6	(0.6)	48.8	(0.9)	40.6	(0.9)	10.6	(0.6)	44.8	(1.1)	43.5	(1.1)	11.6	(0.6)
シンガポール	32.5	(1.0)	49.6	(0.8)	18.0	(0.6)	54.4	(0.9)	37.5	(0.9)	8.2	(0.5)	45.9	(1.0)	41.1	(0.9)	13.0	(0.5)
台湾	42.9	(0.9)	40.5	(0.9)	16.6	(0.7)	56.3	(0.8)	34.8	(0.8)	8.9	(0.5)	53.0	(0.8)	35.7	(0.7)	11.2	(0.6)
タイ	41.2	(1.0)	48.7	(1.0)	10.1	(0.6)	74.2	(1.1)	23.3	(1.0)	2.5	(0.2)	54.6	(1.3)	34.6	(1.2)	10.8	(0.7)
チュニジア	21.8	(1.0)	50.1	(1.1)	28.2	(1.1)	37.9	(1.2)	47.5	(1.1)	14.6	(0.7)	30.3	(1.0)	52.0	(0.9)	17.7	(0.7)
アラブ首長国連邦	50.2	(0.7)	32.6	(0.6)	17.1	(0.6)	67.6	(0.9)	23.0	(0.7)	9.3	(0.4)	58.2	(0.7)	26.1	(0.6)	15.7	(0.6)
ウルグアイ	65.5	(1.0)	26.1	(0.8)	8.4	(0.6)	76.8	(0.8)	18.0	(0.7)	5.2	(0.4)	70.9	(0.9)	23.9	(0.8)	5.2	(0.4)
ベトナム	17.2	(1.1)	47.2	(1.1)	35.6	(1.6)	47.2	(1.2)	41.5	(1.1)	11.3	(0.7)	32.7	(1.5)	46.3	(1.2)	21.0	(1.1)

資料9　文部科学省『OECD生徒の学習到達度調査（PISA）2015年度調査　国際結果の要約』

PISA調査における数学的リテラシーの平均得点の国際比較（経年変化）

	2003年	平均得点	2006年	平均得点	2009年	平均得点	2012年	平均得点	2015年	平均得点
1	香港	550	台湾	549	上海	600	上海	613	シンガポール	564
2	フィンランド	544	フィンランド	548	シンガポール	562	シンガポール	573	香港	548
3	韓国	542	香港	547	香港	555	香港	561	マカオ	544
4	オランダ	538	韓国	547	韓国	546	台湾	560	台湾	542
5	リヒテンシュタイン	536	オランダ	531	台湾	543	韓国	554	日本	532
6	日本	534	スイス	530	フィンランド	541	マカオ	538	北京・上海・江蘇・広東	531
7	カナダ	532	カナダ	527	リヒテンシュタイン	536	日本	536	韓国	524
8	ベルギー	529	マカオ	525	スイス	534	リヒテンシュタイン	535	スイス	521
9	マカオ	527	リヒテンシュタイン	525	日本	529	スイス	531	エストニア	520
10	スイス	527	日本	523	カナダ	527	オランダ	523	カナダ	516
11	オーストラリア	524	ニュージーランド	522	オランダ	526	エストニア	521	オランダ	512
12	ニュージーランド	523	ベルギー	520	マカオ	525	フィンランド	519	デンマーク	511
13	チェコ	516	オーストラリア	520	ニュージーランド	519	カナダ	518	フィンランド	511
14	アイスランド	515	エストニア	515	ベルギー	515	ポーランド	518	スロベニア	510
15	デンマーク	514	デンマーク	513	オーストラリア	514	ベルギー	515	ベルギー	507
16	フランス	511	チェコ	510	ドイツ	513	ドイツ	514	ドイツ	506
17	スウェーデン	509	アイスランド	506	エストニア	512	ベトナム	511	ポーランド	504
18	オーストリア	506	オーストリア	505	アイスランド	507	オーストリア	506	アイルランド	504
19	ドイツ	503	スロベニア	504	デンマーク	503	オーストラリア	504	ノルウェー	502
20	アイルランド	503	ドイツ	504	スロベニア	501	アイルランド	501	オーストリア	497
21	スロバキア	498	スウェーデン	502	ノルウェー	498	スロベニア	501	ニュージーランド	495
22	ノルウェー	495	アイルランド	501	フランス	497	デンマーク	500	ベトナム※	495
23	ルクセンブルク	493	フランス	496	スロバキア	497	ニュージーランド	500	ロシア	494
24	ポーランド	490	イギリス	495	オーストリア	496	チェコ	499	スウェーデン	494
25	ハンガリー	490	ポーランド	495	ポーランド	495	フランス	495	オーストラリア	494
26	スペイン	485	スロバキア	492	スウェーデン	494	イギリス	494	フランス	493
27	ラトビア	483	ハンガリー	491	チェコ	493	アイスランド	493	イギリス	492
28	アメリカ	483	ルクセンブルク	490	イギリス	492	ラトビア	491	チェコ	492
29	ロシア	468	ノルウェー	490	ハンガリー	490	ルクセンブルク	490	ポルトガル	492
30	ポルトガル	466	リトアニア	486	ルクセンブルク	489	ノルウェー	489	イタリア	490
31	イタリア	466	ラトビア	486	アメリカ	487	ポルトガル	487	アイスランド	488
32	ギリシャ	445	スペイン	480	アイルランド	487	イタリア	485	スペイン	486
33	セルビア・モンテネグロ	437	アゼルバイジャン	476	ポルトガル	487	スペイン	484	ルクセンブルク	486
34	トルコ	423	ロシア	476	スペイン	483	ロシア	482	ラトビア	482
35	ウルグアイ	422	アメリカ	474	イタリア	483	スロバキア	482	マルタ※	479
36	タイ	417	クロアチア	467	ラトビア	482	アメリカ	481	リトアニア	478
37	メキシコ	385	ポルトガル	466	リトアニア	477	リトアニア	479	ハンガリー	477
38	インドネシア	360	イタリア	462	ロシア	468	スウェーデン	478	スロバキア	475
39	チュニジア	359	ギリシャ	459	ギリシャ	466	ハンガリー	477	イスラエル	470
40	ブラジル	356	イスラエル	442	クロアチア	460	クロアチア	471	アメリカ	470
41			セルビア	435	ドバイ	453	イスラエル	466	ブエノスアイレス※	456
42			ウルグアイ	427	イスラエル	447	ギリシャ	453	ギリシャ	454
43			トルコ	424	トルコ	445	セルビア	449	ルーマニア※	444
44			タイ	417	セルビア	442	トルコ	448	ブルガリア	441
45			ルーマニア	415	アゼルバイジャン	431	ルーマニア	445	キプロス	437
46			ブルガリア	413	ブルガリア	428	キプロス	440	アラブ首長国連邦	427
47			チリ	411	ルーマニア	427	ブルガリア	439	チリ	423
48			メキシコ	406	ウルグアイ	427	アラブ首長国連邦	434	トルコ	420
49			モンテネグロ	399	チリ	421	カザフスタン	432	モルドバ※	420
50			インドネシア	391	タイ	419	タイ	427	ウルグアイ	418
51			ヨルダン	384	メキシコ	419	チリ	423	モンテネグロ	418
52			アルゼンチン	381	トリニダード・トバゴ	414	マレーシア	421	トリニダード・トバゴ※	417
53			コロンビア	370	カザフスタン	405	メキシコ	413	タイ	415
54			ブラジル	370	モンテネグロ	403	モンテネグロ	410	アルバニア※	413
55			チュニジア	365	アルゼンチン	388	ウルグアイ	409	メキシコ	408
56			カタール	318	ヨルダン	387	コスタリカ	407	ジョージア※	404
57			キルギス	311	ブラジル	386	アルバニア	394	カタール	402
58					コロンビア	381	ブラジル	391	コスタリカ	400
59					アルバニア	377	アルゼンチン	388	レバノン※	396
60					チュニジア	371	チュニジア	388	コロンビア	390
61					インドネシア	371	ヨルダン	386	ペルー	387
62					カタール	368	コロンビア	376	インドネシア※	386
63					ペルー	365	カタール	376	ヨルダン※	380
64					パナマ	360	インドネシア	375	ブラジル	377
65					キルギス	331	ペルー	368	マケドニア※	371
66									チュニジア	367
67									コソボ※	362
68									アルジェリア※	360
69									ドミニカ共和国	328
70	**OECD平均**	500	**OECD平均**	498	**OECD平均**	496	**OECD平均**	494	**OECD平均**	490

凡例：
- 国名　OECD加盟国
- 国名　非OECD加盟国
- 平均得点　OECD平均よりも統計的に有意に高い国・地域
- 平均得点　OECD平均と統計的に有意差がない国・地域
- 平均得点　OECD平均よりも統計的に有意に低い国・地域

註：　1. 2003年調査において国際的な実施基準を満たさなかったイギリスは除く。
　　　2. 2015年調査において国際基準を満たさなかったアルゼンチン、カザフスタン、マレーシアは除く。
　　　3. ※は、2015年調査において、コンピュータ使用型調査の実施ではなく、筆記型調査で実施した国を示す。

資料 10-1　文部科学省『OECD 生徒の学習到達度調査―2012 年調査分析資料集―』

「数学における興味・関心や楽しみ」指標

| 国　名 | 「数学における興味・関心や楽しみ」指標 | | 生徒の割合 | | | | | | | |
| | | | 数学についての本を読むのが好きである | | 数学の授業が楽しみである | | 数学を勉強しているのは楽しいからである | | 数学で学ぶ内容に興味がある | |
	平均値	標準誤差	割合	標準誤差	割合	標準誤差	割合	標準誤差	割合	標準誤差
アルバニア	0.96	(0.02)	84.6	(0.8)	73.3	(1.0)	70.3	(1.0)	88.4	(0.7)
マレーシア	0.91	(0.02)	77.0	(0.8)	77.9	(0.8)	73.4	(0.9)	80.4	(0.7)
カザフスタン	0.89	(0.03)	77.7	(1.2)	71.0	(1.6)	72.6	(1.4)	83.1	(1.0)
シンガポール	0.84	(0.02)	68.1	(0.9)	76.8	(0.8)	72.2	(0.8)	77.1	(0.8)
ヨルダン	0.81	(0.02)	70.2	(0.9)	67.3	(0.9)	64.9	(1.1)	82.1	(0.8)
インドネシア	0.80	(0.02)	76.9	(1.2)	72.3	(1.2)	78.3	(0.9)	73.5	(1.3)
タイ	0.77	(0.02)	77.2	(0.9)	68.8	(1.0)	70.6	(1.0)	86.3	(0.6)
ペルー	0.74	(0.02)	71.6	(1.0)	65.6	(1.1)	62.7	(1.1)	85.0	(0.7)
アラブ首長国連邦	0.73	(0.02)	59.8	(0.8)	75.5	(0.6)	63.9	(0.8)	74.1	(0.8)
ベトナム	0.69	(0.02)	76.1	(1.0)	58.1	(1.1)	67.4	(1.1)	79.8	(0.9)
メキシコ	0.67	(0.01)	62.0	(0.6)	70.6	(0.5)	52.8	(0.5)	85.0	(0.4)
カタール	0.61	(0.01)	63.0	(0.6)	60.0	(0.6)	60.6	(0.6)	72.7	(0.5)
チュニジア	0.59	(0.02)	61.2	(1.1)	54.4	(1.1)	58.0	(1.1)	75.9	(0.8)
コロンビア	0.59	(0.02)	57.5	(1.2)	58.8	(1.2)	51.3	(1.1)	86.1	(1.0)
ルーマニア	0.49	(0.02)	58.6	(1.0)	62.6	(1.0)	57.8	(1.1)	43.5	(1.3)
トルコ	0.44	(0.02)	56.2	(1.0)	48.9	(1.1)	52.7	(1.1)	62.1	(1.0)
上海	0.43	(0.02)	50.1	(1.0)	54.4	(1.0)	49.3	(1.0)	60.6	(1.0)
ブラジル	0.42	(0.01)	46.8	(0.8)	43.9	(0.7)	55.8	(0.7)	73.3	(0.6)
デンマーク	0.35	(0.02)	40.4	(1.1)	51.5	(1.1)	56.9	(1.1)	64.1	(1.1)
コスタリカ	0.32	(0.03)	45.9	(1.3)	44.3	(1.2)	47.5	(1.3)	72.8	(0.9)
香港	0.30	(0.02)	44.4	(1.0)	49.8	(1.0)	54.9	(1.0)	52.4	(1.1)
ロシア	0.29	(0.02)	34.4	(1.2)	45.9	(1.4)	42.9	(1.3)	70.4	(1.1)
チリ	0.28	(0.02)	40.8	(0.9)	50.5	(0.9)	42.3	(0.9)	70.1	(0.9)
ウルグアイ	0.27	(0.02)	39.2	(1.0)	40.7	(1.0)	50.6	(1.1)	70.2	(1.0)
キプロス	0.26	(0.02)	57.8	(1.0)	38.5	(0.9)	47.1	(0.9)	59.9	(1.0)
ブルガリア	0.22	(0.02)	51.8	(1.1)	35.1	(1.2)	39.2	(1.2)	61.3	(1.0)
ギリシャ	0.21	(0.02)	42.9	(1.0)	36.8	(1.1)	51.7	(1.0)	63.6	(0.9)
イギリス	0.19	(0.02)	34.0	(1.0)	50.9	(1.1)	40.8	(0.9)	56.5	(1.0)
アルゼンチン	0.18	(0.02)	39.5	(1.1)	45.9	(0.9)	37.9	(1.1)	65.2	(1.1)
イスラエル	0.16	(0.02)	43.3	(1.1)	42.3	(1.2)	39.8	(1.1)	57.2	(1.1)
アイスランド	0.15	(0.02)	37.9	(1.1)	39.7	(1.1)	47.7	(1.1)	57.6	(1.1)
マカオ	0.15	(0.01)	42.5	(0.8)	41.7	(0.8)	42.3	(0.8)	46.2	(0.7)
スウェーデン	0.12	(0.02)	50.7	(1.0)	36.2	(1.0)	37.0	(1.0)	54.5	(1.0)
ポルトガル	0.12	(0.02)	32.2	(1.1)	32.6	(1.1)	45.5	(0.9)	67.5	(1.0)
ニュージーランド	0.11	(0.02)	33.3	(1.0)	46.1	(1.1)	38.2	(1.1)	55.4	(1.3)
オーストラリア	0.11	(0.01)	34.7	(0.6)	45.3	(0.6)	39.0	(0.7)	53.7	(0.7)
リトアニア	0.09	(0.03)	41.2	(1.2)	39.6	(1.1)	47.6	(1.2)	57.9	(1.0)
リヒテンシュタイン	0.09	(0.08)	22.1	(3.0)	42.3	(3.7)	56.2	(3.6)	55.3	(3.6)
アメリカ	0.08	(0.03)	33.8	(1.3)	45.4	(1.5)	36.6	(1.4)	49.9	(1.3)
台湾	0.07	(0.02)	40.4	(0.9)	37.8	(0.8)	40.3	(0.7)	41.7	(0.8)
アイルランド	0.06	(0.02)	33.3	(0.9)	40.2	(1.1)	37.0	(1.0)	49.6	(1.0)
カナダ	0.05	(0.01)	34.7	(0.5)	39.7	(0.6)	36.6	(0.6)	53.9	(0.6)
イタリア	0.01	(0.02)	31.4	(0.6)	29.0	(0.6)	45.8	(0.8)	57.4	(0.7)
OECD 平均	0.00	(0.00)	30.6	(0.2)	36.2	(0.2)	38.1	(0.2)	53.1	(0.2)
モンテネグロ	−0.01	(0.02)	34.6	(1.0)	35.8	(0.8)	34.0	(1.0)	51.0	(0.9)
エストニア	−0.01	(0.02)	29.4	(0.9)	27.4	(0.9)	38.1	(1.1)	49.1	(1.0)
フランス	−0.02	(0.02)	31.8	(1.1)	23.8	(0.9)	41.5	(1.1)	65.2	(1.0)
スイス	−0.02	(0.02)	19.1	(0.6)	38.9	(1.0)	48.5	(0.8)	56.2	(0.9)
ラトビア	−0.05	(0.02)	27.9	(1.3)	20.8	(1.0)	38.6	(1.2)	49.3	(1.3)
ドイツ	−0.11	(0.02)	18.0	(0.8)	36.9	(1.0)	39.0	(0.9)	51.6	(1.1)
スペイン	−0.14	(0.01)	19.3	(0.5)	25.7	(0.6)	37.0	(0.7)	60.2	(0.6)
ノルウェー	−0.15	(0.02)	26.5	(0.9)	33.2	(1.1)	32.2	(1.1)	50.3	(0.9)
ポーランド	−0.16	(0.02)	24.7	(0.9)	21.3	(0.8)	36.1	(1.1)	45.6	(1.1)
ルクセンブルク	−0.16	(0.02)	25.0	(0.7)	35.7	(0.7)	35.3	(0.8)	48.5	(0.8)
チェコ	−0.16	(0.02)	17.5	(0.8)	33.9	(1.1)	30.3	(1.0)	41.5	(1.3)
セルビア	−0.16	(0.02)	26.2	(1.0)	25.1	(1.1)	26.8	(1.1)	49.0	(1.1)
ハンガリー	−0.18	(0.02)	25.9	(1.0)	30.3	(1.1)	27.5	(1.0)	40.7	(1.1)
スロバキア	−0.19	(0.02)	22.4	(0.9)	30.8	(1.2)	27.9	(1.0)	35.6	(1.1)
韓国	−0.20	(0.03)	27.2	(1.2)	21.8	(1.1)	30.7	(1.1)	47.2	(1.2)
フィンランド	−0.22	(0.02)	21.0	(0.6)	24.8	(1.2)	28.8	(0.7)	44.3	(1.0)
日本	−0.23	(0.02)	16.9	(0.8)	33.7	(0.9)	30.8	(0.8)	37.8	(1.0)
ベルギー	−0.24	(0.02)	22.9	(0.6)	24.2	(0.8)	28.8	(0.8)	50.0	(0.8)
スロベニア	−0.24	(0.02)	23.3	(0.9)	29.9	(0.9)	27.1	(1.0)	37.7	(0.9)
クロアチア	−0.26	(0.03)	24.3	(1.1)	27.2	(1.0)	20.9	(1.0)	37.2	(1.2)
オランダ	−0.33	(0.02)	12.1	(0.9)	19.8	(0.8)	32.4	(1.1)	44.6	(1.3)
オーストリア	−0.35	(0.02)	17.1	(0.8)	32.6	(1.0)	23.8	(0.9)	41.3	(1.1)

註：　1．指標値の大きい順に上から国を並べている。
　　　2．「まったくその通りだ」「その通りだ」と答えた生徒の割合。

資料 10-2　文部科学省『OECD 生徒の学習到達度調査—2012 年調査分析資料集—』

「数学における道具的動機付け」指標

国　名	「数学における道具的動機付け」指標		生徒の割合							
			将来つきたい仕事に役立ちそうだから、数学はがんばる価値がある		将来の仕事の可能性を広げてくれるから、数学は学びがいがある		自分にとって数学が重要な科目なのは、これから勉強したいことに必要だからである		これから数学でたくさんのことを学んで、仕事につくときに役立てたい	
	平均値	標準誤差	割合	標準誤差	割合	標準誤差	割合	標準誤差	割合	標準誤差
ペルー	0.56	(0.01)	91.6	(0.5)	94.2	(0.4)	87.5	(0.7)	92.5	(0.5)
アルバニア	0.55	(0.02)	91.7	(0.6)	90.7	(0.7)	85.1	(0.9)	85.5	(0.7)
マレーシア	0.53	(0.02)	91.2	(0.6)	91.4	(0.6)	91.6	(0.6)	88.7	(0.7)
メキシコ	0.51	(0.01)	90.7	(0.3)	92.8	(0.2)	83.1	(0.4)	89.8	(0.3)
ヨルダン	0.45	(0.02)	87.1	(0.7)	83.0	(0.8)	84.0	(0.8)	84.0	(0.7)
コロンビア	0.42	(0.02)	90.6	(0.5)	87.3	(0.7)	79.0	(0.9)	87.1	(0.7)
カザフスタン	0.41	(0.03)	88.9	(0.7)	85.8	(0.9)	84.2	(0.9)	85.1	(0.9)
チェニジア	0.41	(0.02)	85.0	(0.7)	84.2	(0.6)	77.4	(0.9)	81.3	(0.8)
シンガポール	0.40	(0.02)	90.4	(0.6)	88.2	(0.6)	87.4	(0.6)	85.5	(0.7)
タイ	0.39	(0.01)	91.7	(0.5)	91.0	(0.6)	89.2	(0.5)	92.2	(0.4)
アラブ首長国連邦	0.37	(0.02)	83.9	(0.5)	84.9	(0.5)	80.5	(0.6)	78.1	(0.7)
ブラジル	0.37	(0.01)	86.2	(0.5)	89.3	(0.4)	77.7	(0.5)	85.9	(0.4)
ベトナム	0.37	(0.02)	94.5	(0.5)	88.4	(0.6)	88.2	(0.6)	86.7	(0.7)
インドネシア	0.35	(0.02)	88.6	(0.7)	89.0	(0.6)	87.2	(0.6)	89.6	(0.6)
アイスランド	0.33	(0.02)	82.9	(0.8)	88.2	(0.6)	78.5	(0.7)	83.4	(0.7)
イギリス	0.32	(0.02)	88.0	(0.6)	90.8	(0.5)	73.0	(0.8)	81.1	(0.6)
チリ	0.32	(0.02)	84.4	(0.6)	87.3	(0.6)	67.3	(0.8)	80.5	(0.8)
イスラエル	0.31	(0.02)	80.8	(0.9)	86.3	(0.8)	73.6	(1.0)	69.9	(1.1)
コスタリカ	0.30	(0.02)	80.1	(0.9)	87.4	(0.7)	67.8	(1.2)	85.5	(0.8)
カタール	0.29	(0.01)	82.1	(0.5)	81.0	(0.5)	77.9	(0.5)	79.0	(0.5)
ニュージーランド	0.28	(0.02)	86.2	(0.8)	88.5	(0.7)	76.5	(0.9)	83.0	(0.7)
リトアニア	0.27	(0.02)	81.2	(0.8)	80.7	(0.9)	73.8	(0.9)	76.0	(0.8)
ポルトガル	0.26	(0.02)	83.8	(0.9)	88.6	(0.6)	79.8	(0.8)	81.2	(0.9)
カナダ	0.25	(0.01)	82.2	(0.5)	85.7	(0.5)	73.4	(0.6)	79.0	(0.5)
オーストラリア	0.24	(0.01)	84.3	(0.4)	86.1	(0.4)	73.8	(0.5)	80.0	(0.4)
デンマーク	0.23	(0.02)	87.8	(0.6)	87.9	(0.7)	71.7	(1.0)	77.6	(0.9)
ウルグアイ	0.21	(0.02)	80.5	(0.7)	84.4	(0.7)	66.5	(1.0)	80.8	(0.9)
ノルウェー	0.19	(0.02)	84.6	(0.7)	82.6	(0.6)	77.4	(0.9)	78.2	(0.8)
スウェーデン	0.18	(0.02)	78.9	(0.7)	85.5	(0.6)	75.6	(0.9)	78.8	(0.8)
アルゼンチン	0.16	(0.02)	80.1	(0.8)	85.4	(0.7)	67.0	(1.2)	80.3	(0.7)
アメリカ	0.14	(0.02)	80.6	(0.7)	80.2	(0.7)	70.0	(0.9)	80.2	(0.8)
ラトビア	0.13	(0.02)	76.4	(0.9)	82.6	(0.9)	84.2	(0.8)	75.2	(0.8)
アイルランド	0.13	(0.02)	79.9	(0.7)	88.3	(0.7)	66.2	(1.0)	75.6	(0.8)
キプロス	0.10	(0.02)	75.6	(0.7)	79.3	(0.7)	67.4	(0.9)	71.8	(0.8)
リヒテンシュタイン	0.10	(0.07)	79.2	(2.7)	79.2	(2.9)	59.2	(3.4)	66.5	(3.4)
トルコ	0.06	(0.02)	76.5	(0.8)	75.5	(0.9)	73.0	(0.8)	67.9	(1.1)
ギリシャ	0.02	(0.02)	75.6	(0.7)	76.8	(0.8)	66.1	(0.8)	68.3	(0.8)
エストニア	0.02	(0.02)	76.4	(0.8)	78.8	(0.8)	81.4	(0.7)	65.0	(1.0)
上海	0.01	(0.02)	78.2	(0.7)	72.7	(0.9)	79.0	(0.9)	66.3	(1.0)
OECD 平均	0.00	(0.00)	75.0	(0.1)	78.2	(0.1)	66.3	(0.2)	70.5	(0.2)
フィンランド	−0.01	(0.02)	73.2	(0.8)	85.4	(0.5)	70.3	(0.8)	73.8	(0.7)
スペイン	−0.02	(0.02)	72.4	(0.7)	77.3	(0.6)	59.8	(0.7)	72.8	(0.6)
ブルガリア	−0.04	(0.02)	71.8	(0.8)	79.1	(0.8)	65.6	(0.9)	69.3	(0.8)
ハンガリー	−0.05	(0.02)	80.2	(0.8)	81.9	(0.9)	66.2	(1.1)	70.2	(1.1)
ロシア	−0.07	(0.02)	71.0	(0.9)	67.0	(1.0)	62.7	(1.0)	70.6	(1.0)
セルビア	−0.09	(0.02)	79.4	(0.8)	75.9	(1.0)	68.6	(1.2)	68.0	(1.2)
スイス	−0.12	(0.02)	73.7	(1.1)	73.7	(1.1)	54.0	(0.9)	64.3	(1.2)
ドイツ	−0.13	(0.02)	66.4	(0.9)	76.0	(0.8)	51.9	(1.1)	67.2	(1.0)
ポーランド	−0.14	(0.02)	71.9	(1.0)	78.5	(0.9)	67.5	(1.0)	66.3	(1.1)
フランス	−0.16	(0.02)	71.6	(0.9)	72.9	(0.8)	63.3	(0.9)	61.0	(0.8)
チェコ	−0.17	(0.02)	67.9	(1.0)	75.2	(0.9)	65.7	(1.1)	70.5	(1.1)
イタリア	−0.19	(0.01)	68.6	(0.6)	71.9	(0.6)	64.7	(0.6)	65.5	(0.5)
香港	−0.23	(0.02)	69.2	(0.9)	71.7	(0.8)	66.3	(0.9)	58.6	(1.0)
スロベニア	−0.23	(0.02)	67.2	(1.1)	74.0	(0.9)	63.2	(1.1)	63.1	(1.1)
クロアチア	−0.24	(0.02)	72.3	(1.0)	68.5	(1.1)	53.0	(1.1)	66.9	(1.3)
マカオ	−0.26	(0.02)	68.0	(0.8)	71.6	(0.8)	62.3	(0.7)	57.0	(0.8)
ルクセンブルク	−0.28	(0.02)	63.6	(0.8)	65.0	(0.8)	53.2	(0.8)	58.4	(0.9)
モンテネグロ	−0.29	(0.02)	70.7	(0.9)	60.7	(0.9)	53.4	(0.9)	62.7	(0.8)
台湾	−0.33	(0.02)	65.3	(0.8)	62.1	(0.9)	64.4	(1.0)	57.9	(0.9)
スロバキア	−0.33	(0.02)	67.0	(1.1)	71.8	(1.0)	48.1	(1.3)	63.0	(1.1)
オランダ	−0.36	(0.02)	57.8	(1.0)	71.3	(1.0)	61.3	(1.2)	62.2	(1.1)
ベルギー	−0.37	(0.02)	63.7	(0.7)	63.0	(0.8)	54.0	(0.8)	57.3	(0.8)
韓国	−0.39	(0.03)	59.3	(1.1)	63.1	(1.3)	61.4	(1.1)	50.2	(1.3)
オーストリア	−0.41	(0.03)	66.6	(1.0)	55.9	(1.1)	39.8	(1.2)	57.9	(1.1)
日本	−0.50	(0.02)	56.5	(1.1)	51.6	(1.1)	47.9	(1.0)	53.5	(1.1)
ルーマニア	−0.57	(0.02)	42.4	(1.2)	40.3	(1.1)	47.1	(1.2)	42.1	(1.0)

註：　1．指標値の大きい順に上から国を並べている。
　　　2．「まったくその通りだ」「その通りだ」と答えた生徒の割合。

資料11 文部科学省『OECD生徒の学習到達度調査（PISA2012）のポイント』

数学的リテラシーに影響を与える学習意欲等の変化

○生徒質問紙調査において、「数学における興味・関心や楽しみ」、「数学における道具的動機付け」、「数学における自己効力感」、「数学における自己概念」、「数学に対する不安」の五つの観点から調査

○我が国では、「数学における自己概念」及び「数学に対する不安」については、2003年と同程度であったが、「数学における興味・関心や楽しみ」、「数学における道具的動機付け」、「数学における自己効力感」の三つの指標において肯定的な回答が有意に増加

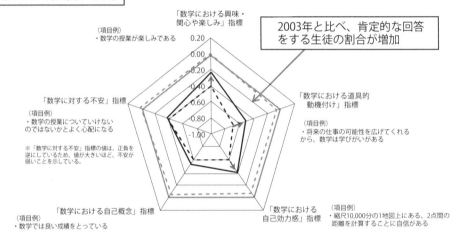

我が国における指標値の変化

各国における指標の平均値（2012年調査）

国名	数学における興味・関心や楽しみ ( )は2003年からの変化	数学における道具的動機付け ( )は2003年からの変化	数学における自己効力感 ( )は2003年からの変化	数学における自己概念 ( )は2003年からの変化	数学に対する不安 ( )は2003年からの変化
日本	−0.23(+0.18)	−0.50(+0.17)	−0.41(+0.17)	−0.52(+0.05)	−0.36(+0.02)
上海	0.43(m)	0.01(m)	0.94(m)	−0.05(m)	−0.03(m)
香港	0.30(+0.11)	−0.23(−0.07)	0.22(+0.20)	−0.16(+0.15)	−0.11(+0.06)
シンガポール	0.84(m)	0.40(m)	0.47(m)	0.22(m)	−0.16(m)
韓国	−0.20(−0.05)	−0.39(+0.07)	−0.36(+0.12)	−0.38(+0.01)	−0.31(+0.04)
フィンランド	−0.22(+0.05)	−0.01(−0.02)	−0.27(−0.04)	0.03(+0.08)	0.33(−0.01)
イギリス	0.19(m)	0.32(m)	0.03(m)	0.18(m)	0.14(m)
アメリカ	0.08(0.08)	0.14(+0.02)	0.13(−0.04)	0.30(+0.12)	0.11(−0.02)
OECD平均	−0.01(+0.02)	−0.03(+0.02)	−0.01(+0.07)	−0.01(+0.05)	0.01(−0.03)

註：表中のmはPISA2003に参加していない、もしくは基準となる参加率を下回ったため国際データに含まれていないことを示す。

資料 12-1　藤沢市教育文化センター『第 11 回「学習意識調査」報告書
―藤沢市立中学校 3 年生の学習意識―』（2011 年 3 月）（学習への自信）

50 年間の時系列比較及び考察

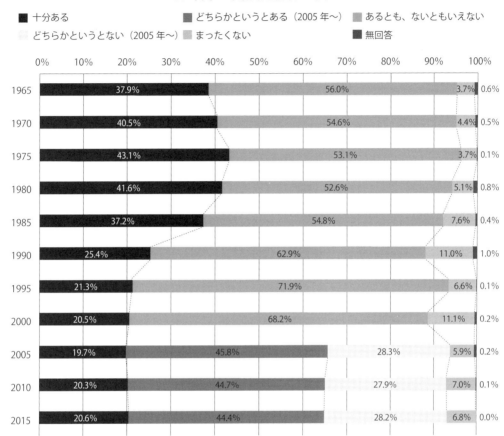

比較結果：

　今回の結果は、選択肢が追加された 2005 年、前回の 2010 年の調査とほぼ同じ結果であった。全体的な傾向を見ると、1975 年の 43.1％の生徒が自信が「十分ある」と答えたのをピークに、5 年ごとにその割合は減少し、1995 年からは、ほぼ横ばいとなっている。

考察：

　1995 年以降、自信が「十分ある」と答えた生徒の割合は、ピーク時の 1975 年に比べ半分以下である。

　学習内容の理解度は改善傾向にあるが、生徒の勉強についていく自信については変化は見られない。ついていける自信をつけるためには、生徒に学習面での成功体験や授業に参加しているという感覚、周りからの共感などが必要だと考えられる。教師の教材研究や家庭との連携を活発化して、様々な生徒に学ぶことの面白さ（自分の意見や考えを伝える楽しさ、成長の喜びなど）を感じてもらうことが大切ではないかと考えられる。

　また、勉強だけでなく、何事にも自信をもって取り組めるよう、生徒の自己肯定感を高めさせるような指導を意識的に取り入れていく必要があると考える。

資料12-2 藤沢市教育文化センター『第11回「学習意識調査」報告書
－藤沢市立中学校3年生の学習意識－』（2011年3月）（学習意欲）

50年間の時系列比較及び考察

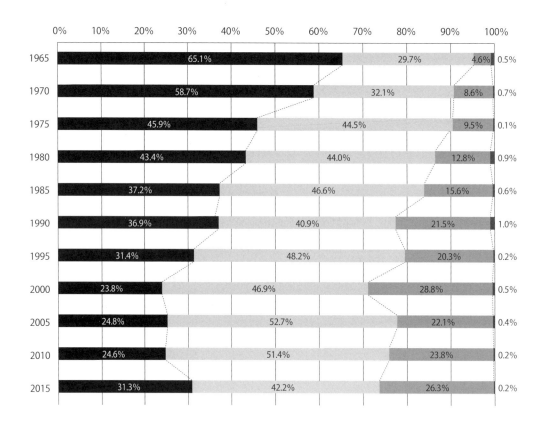

比較結果：

　「もっと勉強したい」と答えた生徒の割合は、過去最低を記録した2000年（23.8%）を境にほぼ横ばいで推移していたが、今回は31.3%と大きく上昇し、1995年の水準にまで回復した。同様に「勉強はもうしたくない」と答えた生徒の割合も、2000年の28.8%に次ぐ高い割合（26.3%）となった。「いまくらいの勉強がちょうどよい」と答えた生徒は前回2010年よりも約9ポイント減少している。

考察：

　「もっと勉強したい」と答えた意欲的な生徒が大きく増えたことは喜ばしいことだが、その内実を見ると、2010年と比べ、「自分の将来の夢や生活のためになるから」19.4%→14.0%、「進学や受験のためになるから」49.1%→56.0%と、自分の将来のためにもっと勉強したいと答えた生徒が減り、受験のためにもっと勉強したいという生徒が増えている。勉強は自分の将来のためというよりは、まず目の前にある受験を乗り切るために行うことだと考えている生徒が多いようだ。

　一方で、「勉強はもうしたくない」と答えた生徒の割合も増えており、二極化が進んでいることは軽視できないだろう。入試制度が変わり。学力試験の比重が高くなったことで、勉強を進めていくことに不安を感じていることが原因の一つかもしれない。

ことも確かである。

　いわゆる学習意欲の問題は、その他の学力問題に比べて、現在も克服されていないし、これまで述べてきたように、現代の社会状況から生まれた課題である以上、小手先の教育方法によっては克服できない。日本においても、かつては子どもたちに学習に向かう強い動機づけがあり、実際に学習への自信もあり、学習意欲も高かったのである（資料12-1、資料12-2）。こうした状況を変えていくためには、一人ひとりの表現を丁寧に受け止めて、彼らの自尊感情を高めることが必要であろうし、また体験型授業などを通して子どもたちの存在が世界とつながっていることを実感できるような授業を創造していく必要があるだろう。さらには、学級経営が重要な意味をもつだろう。なぜなら、すでに述べたように、現代社会の課題を乗り越えるためには、新しい共同性の構築が必要であり、学級や学校を「学びの共同体」にしていくことが求められるからである。

註

1　ゲゼルシャフト、ゲマインシャフトはテンニースが提唱した概念。ゲゼルシャフトとは、成員が各自の利益的関心をもって結びついている社会。ゲマインシャフトとは、感情的に融合し、人格的に結びつく社会。

2　デニス・ガボール／林雄二郎訳（1973）『成熟社会—新しい文明の選択—』講談社。あるいは、碓井敏正・大西広編著（2014）『成長国家から成熟社会へ—福祉国家論を超えて—』花伝社。

3　たとえば、マイケル・サンデル／鬼澤忍訳（2012）『それをお金で買いますか—市場主義の限界—』早川書房など。

4　小学校英語の導入や理数教育の重視も、この文脈でとらえることができるだろう。

5　業務管理の方法。Plan（計画）→ Do（実行）→ Check（評価）→ Action（改善）を進めていき、業務の継続的改善を果たすこと。

6　新たに「特別の教科　道徳」を設定したことも、この文脈でとらえることができるだろう。

7　2018（平成30）年度からは、第3次教育振興基本計画（平成30〜34年度）が動きだす。2017（平成29）年段階で、その基本的な考え方が出されているが、そこでは「夢と自信をもち、可能性に挑戦するために必要となる力を育成する」という項目とともに、「誰もが社会の担い手となるための学びのセーフティネットを構築する」という項目が挙げられている。後者に関しては、主に家庭間格差や地理的条件が想定されているように思われるが、共同性の在り方そのものが問われていると考えることができるように思われる。また教育振興基本計画は、県や市町村でも作られているが、たとえば茨城県における教育振興基本計画としては、現在「茨城教育プラン」（平成28〜32年度）が出されている。

8　新しい学習指導要領においても、知識・技能、思考力・判断力・思考力等、学びに向かう力・人間性等と三つに整理している。

9　苅谷剛彦・清水睦美・志水宏吉・諸田裕子（2002）『調査報告　「学力低下」の実態』岩波ブックレット。ただし、苅谷らの指摘に批判的な見解も存在している。

第2章

教職についての省察と教師の力量形成

小川哲哉

はじめに

　教師の資質・能力は、単に技術的な側面にとどまるものではない。教育技術は、教育事象に対する見方を磨き、多様な価値観を考えることで、より豊かなものとなっていく。このような観点から以下の三つの項目を考察する。

①教育についての哲学的省察に基づき、自己の教育観と子ども観をふりかえる。
②教育に関するメディア報道の分析を通じて、学校教育や教職の独自性を考える。
③教師の歴史的省察を通じて、教師の社会的役割と教職の専門性について論究する。

(1) 自己の「教育観」「教師観」「子ども観」の見直し
　　〈「教育活動の土台（＝自己の学校教育イメージ）」の見直し〉

(2)「見直し」の意味は？　⇒　従来の「教育観」「教授観」「指導観」のとらえ直し
　　　　　　　　　　　　　　　　　　　↓
　　　　　　　　　　| 教職の「意味」に対する新たな地平を拓く |
　　　　　　　　　　〈「実践的指導力」の向上に結びつく〉

1．教職をめぐる諸状況

(1)「学校」「教師」「教育」に対する社会的イメージ
　　▲責任をとるべき対象？　⇒　批判的対象として固定化

論究 1：理想的教師像の功罪

　かつてテレビドラマの定番として、教師が主人公になる番組があった。そこでは生徒に寄り添い、生徒の立場になって行動し、学校や社会の不正を訴える教師が中心となって番組が展開していくことが多かった。そこにあるのは、理想的な教師像であり、その理想の視点から現実の教育現場が批判の対象となっていた。もちろんそれらの番組の中には等身大の教師が描かれていて、現実の教育現場の模範となるような番組もなかったわけではないが、多くの場合、理想的な立場から現実を批判するストーリーが展開される傾向性があったと言えるだろう。

　こうしたメディアの固定的な教師像や学校観のために、「学校」「教師」「教育」に対するイメージは、そこには社会的責任があり、その責任をとるべき対象であるとみなされ、批判的にとらえられること多かったように思われる。そのため、かつてのような教師に対するリスペクトや信頼関係が、次第に失われたとの指摘もある。

　(2)　マス・メディアの教職に対するとらえ方　⇒　教育に関する新聞記事と統計資料の分析
　　　　　　　　　　　　　　　　　　　　　　　　　　　　　　　↓

> テーマ：教職の重要性と責任の問題をどう考えていけばいいのか

資料 1：教職に関する報道メディアの事例

【事例1】ガラスを割った生徒の親「ここに石があるのが悪い」

　かつて、「不況になると教職が人気」と言われた。しかし、それも今は昔──。2013年度の国公立大学入試において、教員養成系学部の志願者数が大きく減少した。不況を背景に「国公立志向」があった中だけに目立つ動きとなったのだが、この「先生」の不人気の理由を探ると、教育現場のあまりに厳しい実態が浮かび上がってくる。

　実際に教育現場にいる教師たちに聞くと、風当たりの強さを痛烈に感じているようだ。四国地方の公立小学校で教壇に立つ50代のベテラン教師は、悲鳴にも似た声をあげる。

　「このごろ、『守られていない』と感じます。昔なら『先生に叱られるのは生徒が悪い』と受け止められるところが、いまは『先生や学校が悪い』です。ひどい教師もなかにはいますが、ごく少数派。ほとんどの教員は良識も意欲もあります。なのに、現場でも報道でも『先生が悪い』と言われる風潮があり、いい先生ほど挫折していきます」

また、子どもや教育に関する調査をしているベネッセ教育研究開発センターのデータによると、2007年から10年にかけて増加している教師の悩みは、小学校でも中学校でも「保護者や地域住民への対応」が上位に入った。現場の教師たちの話からは、「モンスターペアレンツ」に苦慮する様子がうかがえる。

「ガラスを割った生徒がいて保護者にそれを注意したら、『ここに石があったから、うちの子は石を投げたんです。誰がここに石を置いておいたのですか』と返してきて、唖然としました」（50代・小学校教員）。「卒業アルバムで『うちの子の写りが一番悪い』と怒鳴りこんでくる保護者がいます」（50代・中学校教員）。

教育社会学が専門の今津孝次郎・愛知東邦大教授はこう語る。「いまは保護者のクレームが多く、若い先生ほど苦労しています。慣れない若い先生にとって、保護者は年上のことが多いからです。さらに、昔は『先生におまかせします』と言っていた保護者も多かったが、いまはわが子かわいさのあまり自分の子どもの指導に直接注文を出してくるようになりました」。

（『週刊朝日』2013年6月28日号）

【事例2】苦情対応や報告書、先生の7割「負担」 文科省が初調査

公立小中学校の教職員は、どのような仕事に負担を感じているのか。文部科学省が初めて調べ、27日に発表した。教諭の9割近くが「負担感がある」と答えた業務は「国と教育委員会の調査対応」だった。7割以上が「保護者からの苦情対応」や「研修リポートの作成」をあげた。いずれも授業や生徒指導とは別の仕事だった。

経済協力開発機構（OECD）が昨年に発表した国際調査で、日本の中学教員の勤務時間が参加国で最長だったことを受けて実施した。全国の公立小中451校の校長や養護教諭、事務職員など11職種、計9848人を対象に、昨年11月時点の状況を尋ねた。

教諭の1日の平均在校時間を調べると、小学校は11時間35分、中学校で12時間6分。自宅に持ち帰る仕事もありそれぞれ1時間36分、1時間44分だった。

その上で、学校の業務を71に分けて負担に思うかを尋ねた。教諭のおおむね7割以上が従事する業務のうち、「負担」「どちらかと言えば負担」の合計が高かったのは「保護者や地域からの要望、苦情対応」と、「研修会の事前リポートや報告書作成」。このほか、負担感だけで見ると「国や教育委員会の調査対応」が9割近くで最も高かった。

一方、昨年の国際調査で週7.7時間と参加国平均の3倍を上回った部活指導の負担感は、中学教諭でも48.5％と5割を切った。「負担だがやりがいがある」という答えが多かったという。「授業準備」や「放課後学習」など、授業や子どもと接する仕事は比較

的負担感が低い項目が目立った。こうした教員の「本来業務」の時間を取られることも、それ以外の業務の負担感につながっている可能性がある。

　文科省は改善に向け、今回の結果を盛り込んだガイドラインを作った。事務職員との役割分担や外部委託などの効率化策、教諭のパソコンをネットワークで結んで情報を共有するシステムの導入などの工夫を重ねている学校の例を挙げた。(高浜行人)

(朝日新聞 2015 年 7 月 28 日付)

【分析 1】上記の新聞記事を読んで、教育現場で何が問題にされているのかを書いてください。

論究 2：教職をめぐる現状

　一昔前まで教育現場においては、教育的な情熱をもって生徒と接し、時には厳しく叱咤激励する教師と、そのような生徒指導に対して全幅の信頼を置き、自分の子どもに厳しい指導がなされても、それに対していちいち意見を差し挟まない親が数多くいた。地域住民の間でも、問題のある行動を起した子どもに対しては、たとえ他人の子どもであろうと、注意することを厭わない雰囲気があった。そこでは学校と家庭と地域社会が価値観を共有し、自然な連携が保たれていたと言ってよい。

　だが高度情報化社会の到来と、それに伴うネット社会の拡大は多様な価値観を生み出し、個々人が自分の価値観を大切にする生活スタイルが広まり始めている。そのような社会状況の中では、上述したような連携に必ずしも参加したくはない個人が現れてきてもおかしくない。しかも自己の生活スタイルを変えてまで連携に参加する必要性を感じない人々が増えてくれば、学校と家庭との信頼関係が緩やかに揺らぎ始める。そして価値基準の基本を自己の生活スタイルに置くことになれば、それにそぐわないあらゆることが批判の対象となっていく。これはいわゆる「権利主張主義の教育観」の台頭であり、とくに自己の権利主張が侵害

第2章　教職についての省察と教師の力量形成　41

されたと感じたときには法的手段も辞さない行動に出る人々が現れてくる。こうなってくると、従来のように教育は本来全人格的な営みであり、それぞれの損得勘定に基づいた権利・義務関係で考えるものではないという教育観が受け入れられなくなり、解決できない教育問題は結局「司法の場」で決着しようとする傾向が強まってくる。

　近年、このような現象は「学校教育の法化現象」と呼ばれている。すなわちそれは、「親や地域住民が自己の学校・教員との関係について、法的視点を中核に据え、権利・義務の視点からとらえようとする」現象である。このような学校教育の法化現象は、米国では1960年代から現れており、わが国の場合は1980年代以降に徐々に広まってきた。この現象から生まれた三つのモンスターがある。それが、「モンスター・ペアレンツ（親）」「モンスター・レジデント（地域住民）」「モンスター・ティーチャー（教師）」である。以下その概要について論究したい。

①モンスター・ペアレンツ

　「クラス替えのときに特定の児童生徒と同じクラスにならないように要求する」「時間かまわず担任教師にクレームの電話を入れる」「自分の気に入らない教師を辞職させるために、ICレコーダーで理由となる指導を録音し、教育委員会に訴える」「子ども同士の些細なケンカにも介入し、相手の子どもを誹謗中傷して処罰を要求する」「自分の子どもへの特別な待遇を求め、クラスの代表にさせるように要求する」等々。

　このような従来の常識では考えられない理不尽な要求をしてくる親を、モンスター・ペアレンツと呼ぶようになって久しい。この種の親が問題になってきたのは1990年代後半からである。その理由は、この時期に自分の子どもが学齢期を迎えた多くの親が、1980年代前後の思春期に校内暴力の時代を経験しており、教師に対する信頼感が低く、その後のバブル崩壊後のリストラ時代を経た厳しい労働環境に遭遇したために、安定した職種に見える教師に対する嫉みもあると言われている。また喜入（2007）の指摘にもあるように、このような親の感覚は、消費者意識からの教育現場への介入であり、教育を特別なサービスとみなす見方の表れである。すなわち、消費者としての親は、自分の子どもが他の子どもより損を感じる対応を受ければクレームをつけることが当然と考えている。それは、教育指導を商業的なサービスとみなしているために、同じ値段を払えば同じ商品が手に入るのは当然だと考えているからである。さらに問題なのは、モンスター・ペアレンツが、教育指導の際には学校と対等な立場からクレームをつけるのに、子どもが校則等に反する問題行動を起こしてペナルティを課される場合には、まだ未成年であるという特別な理由を持ち出して「情状酌量」を要求して、親子の自己責任を回避しようとする。こうした諸々の理由が複合的に絡まりながら教師へのプレッシャーは増していくことになる。

②モンスター・レジデント

　近年モンスター・レジデントからのクレームも学校や教師に対して増大している。この種の住民の特徴は、学校に通う子どものいない家庭であるため学校そのものを「迷惑施設」とみなし、学校存在が自己にとっての最大の問題であるとして法的に訴える行動をとることである。

　その代表的な事案としては、「クーラー騒音差し止め請求訴訟」（京都地裁、2008年9月18日判決）が挙げられるだろう。この訴訟の原告は学校の近隣に夫婦で住んでいる近隣住民であった。訴えの内容は、学校が設置していたエアコンの室外機から出る騒音が、受忍の限度を超えているとして撤去を要求したものである。原告側からは、騒音によって不快感や圧迫感等からくる健康への悪影響が出ているとの訴えが出された。これに対して訴えられた学校側は、数回にわたる防音工事を実施し、使用条件を決めて節度あるエアコン使用に努めているとした。地裁判決は以下のようなものである。学校側に騒音を規制基準以下に抑える義務があるのは当然であるが、それは学生が勉学に取り組めるよう配慮することを前提とする。しかもどのような対策方法をとるかの自由選択権は学校側に任されるべきである。そのため室外機の撤去請求は認められず、敷地に基準を超える騒音の到達を差し止める、いわゆる「抽象的不作為請求」の限度で認容すべきである。さらに、学校側には当初から故意過失があるとは言えない。

　このように判決は、近隣住民からの訴えを一部認めながら、学校側の教育的立場について配慮する旨の内容であった。しかしながら学校や教師に対する訴訟では、原告の訴えがかなり容認されてしまうケースも多く、近年は学校の法令順守を意味するスクール・コンプライアンスに関する議論が活発になっており、訴訟に備えて日頃から危機管理を図っておく必要があることが指摘されている。このような状況も、学校や教師と、家庭や地域社会との信頼関係を急速に低下させていることの表れと言えるだろう。

③モンスター・ティーチャー

　自己の価値観だけで行動する教師の事例も報告されており、そのような教師においては学校の社会的役割をまったく理解しない言動が問題になっている。「自分の考え方で教えたいので、教科書を使わないで授業をする」「夏休みは自主研修を優先させたいので、校内研修には出席しない」「給食を食べ残した生徒に罰として素手で食べさせる」「児童生徒の個人情報にルーズで、学級日誌等をゴミ箱に捨てる」等、教師として求められるべき専門性や資質から著しく逸脱するようなケースも少なからず報告されている。

　もちろんこうしたケースは一部の教師にすぎないのだが、団塊世代の教師の大量退職期が過ぎ、教育現場の年齢構成において新卒・中堅・ベテラン教師のバランスが崩れ、とくにミ

ドルリーダーである中堅が手薄になってきている現実が、この種の教師の言動に適切な対応ができない状況を生み出しているとも言える。

　今日の学校や教師は、時にはこの種のモンスターと対峙しながら、学校教育の法化現象に立ち向かう必要に迫られている。そのため学校制度の組織的な見直しや、個々の教師の専門的な力量形成の在り方の再検討が求められている。とりわけ教師の専門的力量形成の問題は喫緊の課題であると言えるだろう。そうした課題に対する対処方法は、近年の教員養成政策における数々の提言に見出すことができる。

▲近年の「学校教育」に対する見方・考え方　⇒　教師のストレスの増大⁉
〈諸問題の一事例〉
・不登校の児童生徒への対応
・問題行動に対する生徒指導
・特別支援教育との連携の必要性　　　　教員の「身体・精神的ストレス」の増大
・保護者からのクレームや諸要求
・学校・学級経営をめぐる組織づくり
・基礎学力向上と個性尊重教育の充実、学校評価の改善方策の模索
　　〈こうした諸問題が教師のストレスを増大させている〉

資料２：文部科学省「平成 27 年度公立学校教職員の人事行政状況調査について（概要）」

教育職員の精神疾患による病気休職者数の推移（平成 17 ～ 27 年度）

（人）　▨精神疾患による病気休職者数（人）　━ 在職者に占める精神疾患の割合（％）

年度	病気休職者数	割合
17 年度	4,178	0.45%
18 年度	4,675	0.51%
19 年度	4,995	0.55%
20 年度	5,400	0.59%
21 年度	5,458	0.59%
22 年度	5,407	0.59%
23 年度	5,274	0.57%
24 年度	4,960	0.54%
25 年度	5,079	0.55%
26 年度	5,045	0.55%
27 年度（平成）	5,009	0.54%

資料３：公立学校教職員でもっとも多い病気休職は「精神疾患」、懲戒処分は「体罰」

　文部科学省（以下、文科省）は平成27年1月30日、「平成25年度公立学校教職員の人事行政状況調査」の結果をホームページに公表した。これによると、教職員の病気休職の事由は「精神疾患」、懲戒処分等の事由は「体罰」がもっとも多かったことが明らかになった。

　文科省では、都道府県・指定都市教育委員会の教職員の人事管理に資するため、公立学校教職員の病気休職者、懲戒処分、校長等の登用状況など6項目について毎年調査を実施している。

　精神疾患による病気休職者数は平成19年度以降5000人前後と高水準で推移しており、平成25年度は病気休職者の60.4％（5078人）を占めた。そのうち約半数が所属校勤務2年未満の者となっている。

　懲戒処分、訓告等を受けた者は9494人で、前年度より1334人減少した。そのうち体罰によるものが41.6％（3953人）を占め、前年度の約1.8倍に増加した。ただしこの結果は、前年度の体罰調査を踏まえて判明した事案の処分が含まれたことによるものとも考えられるという。

　管理職登用について、女性の校長は平成26年4月1日現在4771人で全体の14.1％を占め、前年度より0.3％増加した。また副校長は前年度より0.2％、教頭も0.1％それぞれ増加し、各職種で年々増加傾向にある。

　一方、東京都は文科省の調査結果公表に伴い、「平成25年度における都内私立学校の体罰に係る実態把握」の結果をホームページに公表した。調査対象は小学校53校、中学校188校、高等学校241校、特別支援学校4校で、平成25年4月1日から平成26年3月31日までに処分が行われたもの。

　発生学校数・件数は小学校、中学校、高校でそれぞれ2校（件）。被害を受けた児童生徒数は小学校2人、中学校3人、高校2人。体罰時の状況は、小学校では休み時間に教室で、中学校では放課後に教室で、高校では授業中および部活動中に運動場・体育館などで発生。体罰の態様は、素手で殴る、棒などで殴る、殴るおよび蹴る等。被害状況は、骨折・捻挫、打撲。事案把握のきっかけは、全体で保護者の訴えがもっとも多かった。

（荻田和子）

出典：ReseMom（https://resemom.jp/article/2015/02/02/22688.html：2015年2月2日アクセス）より。

〈中間まとめ：教師の専門的力量として何が必要なのかが問われている〉

2. 教師の「専門的力量」形成の問題

▲多様な「学校教育」批判の一例　⇒　教師の「専門的力量」に対する疑問
　　　　　　　　　　　　　　　　　　　　　　　↓
　　　　　　　　　　　　　　　　　学問的には「権威」論で説明可能

▲教師の「権威」問題　⇒　E・デュルケムの「権威」論の再吟味
　　　　　　　　　　　　　　　　↓
　　　　　　　　　外在化された自覚的強制力を有する秩序形態

〈個人的関心を超越する正当性を、無自覚的に受容させる強制力を有する秩序形態〉

▲教師がもっていた「権威」の変遷

　戦前：教師の権威　＝　意図的につくられていた権威
　　　　　　　　　　　　　　↓
　　　　　どんな人間であれ存在自体が「権威」

　　森有礼が創設した「師範学校」制度　⇒　閉鎖制の教員養成（師範学校が本流）
　　　　〈「順良」「信愛」「威重」を重視した画一的な教師像〉

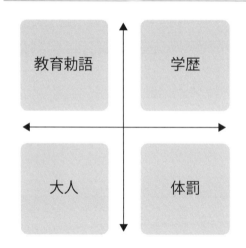

・教育勅語……天皇制の末端に位置する「国家の代弁者」
・学歴…………上級学校進学率が低い時代は師範学校卒の教員には威信があった
・大人…………活字文化に精通している存在
・体罰…………精神修養を重視

〈戦前の教師＝個人的力量よりも、教師それ自体が「権威」的存在〉

論究３：戦前の教師の権威

①国家の代表としての権威

　森有礼の師範学校の創設から始まるとされる戦前の教員養成教育では、国策として教師を育成することが至上命令とされた。森はその際に、教師に対して国家の末端の代表者としての威厳をもたせるため、師範学校教育に「順良」「信愛」「威重」を重視した画一的な教育を求めたと言われている。さらに教育勅語奉読式のような学校行事は、国家的儀礼であり、それをつかさどる教師の権威は極めて大きかった。

②学歴という権威

　学歴が教師にとって権威となる時期もあった。とくに戦前は、高等教育を受けられる国民が今に比べて圧倒的に少なかったため、教師は一般国民より知的レベルの高い存在として認められていた。戦前の大学進学率は、明治期では3%であったが、昭和初期でも5%程度にすぎず、戦後の1960年代末でも20%であった。そのため、給費制の師範学校を出た戦前の教師だけではなく、戦後のある時期まで教師は尊敬と信頼が与えられる社会的存在であったと言われている。

③大人としての権威

　大人としての権威は、教師においてはとくに重要なものであるが、その理由の一つに文字文化に対する日本人の関心の高さがあったと言われている。なかでも重要なのが識字に対する関心の高さである。識字とは文字を読み書きし、理解できることであるが、日本の識字率は、幕末期の江戸で70%と言われ、同時期のロンドンの20%やパリの10%を大きく引き離していた。その理由は当時多くの庶民が寺子屋に通っていたことが挙げられる。そこでは教師が師匠と呼ばれ、師匠から生徒である寺子が読み書きそろばんを教えられることが、その後の学校教師に対する尊敬の念につながっていったと言われている。子どもたちは、漢字をはじめとする文字文化を教える教師や大人に対する権威を認めていた。

④賞罰に対する権威

　子どもへの身体・精神的強制力をもつ指導として「体罰」がある。体罰は明治期の当初は禁止されていた。たとえば1879（明治12）年に制定された教育令（自由教育令）の第46条では、「凡学校ニ於テハ、生徒ニ体罰（殴チ或ハ縛スルノ類）ヲ加フヘカラス」となっており、体罰の禁止が明確に規定されていた。さらに1941（昭和16）年の国民学校令の第20条でも教師の懲戒権を認めつつも、体罰禁止は継承されている。しかしながら、教師が子どもに懲

戒権を行使するとき、それが明らかに暴力行為であるにもかかわらず、教育的愛情すなわち「愛の鞭」から発せられた行為であるとみなされる場合には、それが体罰なのか愛情なのかは極めて不明瞭である。そのため暴力的な愛の鞭を行使する戦前の教師には、強制力を有する権威があったと言わざるを得ない。

　上述した四つの権威は、戦前から戦後のある時期（1960年代末）までは、教師という職業そのものに付与されていたと言われている。すなわち、教師個人の性格や人柄とは直接関係なく、教師職そのものに担保されていたと言ってよいだろう。極端な言い方をすれば、いまだに未熟なスキルや見識しか持ち合わせていない教師であっても、この四つの権威によって子どもたちと一定の教育的関係を保持できる社会的位置にいたと言えよう。

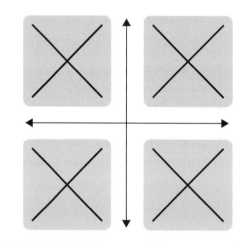

・GHQ による民主的教員養成政策　⇒　大学における教員養成を基本とする
・開放制の教員養成の原則　⇒　教職課程を設置しているすべての大学で教員を育成する

論究４：戦後教師の権威の変容

　戦前の教師の四つの権威は、戦後の時代の流れの中で次第にその正当性を失っていく。まず最初の権威である国家の代表としての社会的位置づけは、戦後教育の民主化によって根本的に否定されることになる。1947（昭和22）年に制定された旧教育基本法の第6条第2項では、「法律の定める学校の教員は、全体の奉仕者であって、自己の使命を自覚し、その職務の遂行に努めなければならない。このため、教員の身分は、尊重され、その待遇の適正が、

期されなければならない」とされ、教師は国民主権のもとで、国民全体の奉仕者としての役目を果たす職務が求められ、もはや国家の末端の代表者ではなくなった。その後、2006（平成18）年に全面改正された新教育基本法第9条でも、その職務の性格は基本的に変わってはいない。今日、教師を国家の末端を代表するものとみなすことは、民主的な学校教育にそぐわないものとして完全に否定されている。

それでは学歴という権威はどうなっただろうか。戦前とは違って国民が取得する学歴は大きく変わっていった。まず高校進学率は、1974（昭和49）年に90％を超え、その後は高い数値で維持されている。そして戦前は5％で低迷し、戦後も20％前後だった大学進学率は、2015（平成27）年には53.2％に達しており、もはや教師の学歴が必ずしも高いものではなくなっている。さらに文字文化を教える大人の代表としての権威は、情報化社会の進展の中で大きく揺らいでいる。とくに映像文化の広範囲な拡大は、文字文化の質を変えてきた。従来なら活字を通じてしか獲得できなかった知識の習得方法は大きく変わってきたのである。

とくにネット社会の登場は、これまで大人が占有していた情報の知的独占状況を根底から突き崩している。子どもたちは、スマホやパソコンを通じて大人よりもはるかに早く多様な情報を入手しているし、その範囲も極めて広いと言えるだろう。そのため、そうした情報端末を使いこなせない大人や教師の権威は大幅に低下している。また賞罰については、戦後の学校教育法の第11条において体罰の禁止は明確に規定されており、体罰による強制的な権威の行使はまったく考えられなくなっている。さらに近年の様々な教育問題では、体罰なのか教育的賞罰なのかがはっきりしない指導が問題視され、基本的にはそうした指導は厳しく批判されている。

このようにかつて教職そのものに担保されていた権威は、戦後そのどれもが維持されなくなっていった。さらに先述したように、1990年代後半以降は親や地域住民が権威そのものに対して不信の念を抱きながら、法的な訴えまで起こす時代になってしまった。

したがって、もはや従来のような教師の権威が維持されない以上、今日それに取って代わる現代の教師に必要な権威を模索していくことが重要な課題となっている。もちろん、教師に求められる重要な資質や能力は、自立した教師個人がもつ様々な力量に負うところが大きいことは言うまでもないが、公教育を担う教師の権威が維持され、それが教育活動に有効に機能するためには、教員養成教育の中で培われていく専門的力量形成も重要になってくる。そのため1990年代末以降の教員養成政策では、さらに高度な専門的力量形成を図るための様々な答申や施策がなされていった。

第2章　教職についての省察と教師の力量形成　49

【分析2】教師の「権威」を形成する「専門的力量」として何が必要であると考えますか。
　　　　　自己の経験に基づいて書いてください。

＿＿＿＿＿＿＿＿＿＿＿＿＿＿＿＿＿＿＿＿＿＿＿＿＿＿＿＿

▲近年の文教政策（答申等）で求められている教師の「専門的力量」の一例

①新たな時代に向けた教員養成の改善方策について（1997年7月教育職員養成審議会・第1次答申）

(1) いつの時代も教員に求められる資質能力（不易）　⇒　「実践的指導力」の向上

・教員としての使命感

・人間の成長・発達についての深い理解

・幼児・児童生徒に対する教育的愛情

・教科等に関する専門的知識

・広く豊かな教養

(2) 今後特に教員に求められる資質能力（流行）　⇒　三つの資質能力

・地球的視野に立って行動するための資質能力（豊かな人間性やボランティア精神）

・変化の時代を生きる社会人に求められる資質能力（個性や感性、社会性や対人関係能力、外国語能力やメディアリテラシー）

・教員の職務から必然的に求められる資質能力（教職に対する情熱・使命感、学習指導や生徒指導等の為の知識や技能）

〈四つの資質能力〉

・強い教育的使命感………………教職への強い愛着、学校教育への情熱

・深い人間理解力…………………対人関係能力、子ども理解力、生徒指導力

・高度情報化社会への適応力……新しいテクノロジーへの適応（情報機器等）

・確かな実践的教科指導力………子どもの興味関心を高める教授能力

論究5：学び続ける存在としての教師の専門的力量

　1990年代末以降に出された答申において注目すべきなのは、1997（平成9）年の教員養成審議会答申（以下、教養審答申）と2012（平成24）年の中央教育審議会答申（以下、中教審答申）である。この二つの答申には、2008（平成20）年から複数の大学で開設されていった教職大学院と、2009（平成21）年から始められた教育免許更新制の導入とともに、これからの教師に必要な力量形成の在り方を大きく方向づける内容が含まれていた。

　まず、教養審答申では、これからの教師に求められる二つの資質能力の重要性を指摘した。その一つは「いつの時代も教員に求められる資質能力」（不易）であり、もう一つは「今後特に教員に求められる資質能力」（流行）であった。これら二つの資質能力は教師が信頼され、認められる存在となるために新たに必要な権威として評価されるべきものであると言われている。

　まず、はじめの「いつの時代も教員に求められる資質能力」だが、これは1987（昭和62）年に出された教養審答申がベースになっており、専門職としての教師に必要な基本的資質能力である。それは「教員としての使命感、人間の成長・発達についての深い理解、児童・生徒に対する教育的愛情、教科等に関する専門的知識、広く豊かな教養」であり、これらを基盤とした「実践的指導力」の向上が強く求められている。

　もう一つの「今後特に教員に求められる資質能力」としては、以下に示す三つの資質能力が提示されている。①地球的視野に立って行動するための資質能力、②変化の時代を生きる社会人に求められる資質能力、③教員の職務から必然的に求められる資質能力。これらの資質能力が今日の教師にどうして必要とされるのだろうか。それは教師が教える子どもたちを取り巻く社会状況がこれまでになく変容し、多様な問題を内包しているからである。そのため教師には、そうした問題の本質的意味を見極め、子どもたちに対する強い教育的責任と自覚をもつことが強く求められている。教師には、まず自ら率先して地球規模の問題や人間生活の在り方を論究していく強い意識と実行力が必要である。そして急激に変容した時代の現実に適切に対応し、社会性、対人関係能力、コミュニケーション能力、さらには高度情報化社会の構造的問題点を認識し、そうした時代や社会の変化に十分に適応できる能力が求められている。また社会変容への適応の難しさが生み出したとも言われている子どもたち、たとえば社会不適応児、LDやADHD児、高機能自閉症等の問題を抱えた子どもたちへの教育的支援も必要とされた。

　このような教師に求められる資質能力の向上は、21世紀に入ってさらに重要な意味をもつことになった。それは21世紀の社会が「高度情報化社会」であり、そのために知識を集積し、その有効活用が求められる言わば「知識基盤社会」であることに起因する。中教審答

申では、このような現代社会の質的な変容によって、教師の学びの在り方は大きく変わらざるを得なくなってきたと指摘している。すなわち、高度なネットワークで結ばれた現代社会とは、つねに膨大な知識が集積されていく社会であり、そのため教師はかつてのように既知の事柄を単に伝達していれば社会的権威を保てた時代とは違い、既知のことがらの意味をつねに省察するような「学びの専門家」でなければならないし、さらに一歩進んで日々複雑に変容していく現代社会を理解するために「学び続ける存在」であることが必要であるからだ。

〈教師個々人の資質能力の向上というコンセプト　⇒　ある種の限界⁉〉

②2015年12月21日：三つの中教審答申から見える教師の専門的力量
(1)「これからの学校教育を担う教員の資質能力の向上について―学び合い、高め合う教員育成コミュニティの構築に向けて―」（中教審第184号）
(2)「チームとしての学校の在り方と今後の改善方策について」（中教審第185号）
(3)「新しい時代の教育や地方創生の実現に向けた学校と地域の連携・協働の在り方と今後の推進方策について」（中教審第186号）

〈教師の専門的力量〉
①これまで教員として不易とされてきた資質能力に加え、自律的に学ぶ姿勢をもち、時代の変化や自らのキャリアステージに応じて求められる資質能力を生涯にわたって高めていくことのできる力や、情報を適切に収集し、選択し、活用する能力や知識を有機的に結びつけ構造化する力。
②アクティブ・ラーニング（以下、AL）の視点からの授業改善、道徳教育の充実、小学校

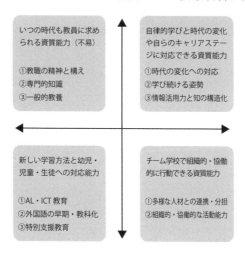

における外国語教育の早期化・教科化、ICT の活用、発達障害を含む特別な支援を必要とする児童生徒等への対応などの新たな課題に対応できる力量　⇒　新しい学習方法と幼児・児童・生徒指導への対応の能力

③「チーム学校」の考えのもと、多様な専門性をもつ人材と効果的に連携・分担し、組織的・協働的に諸課題の解決に取り組む力。

論究６：チーム学校の教育課題

　戦後、かつては信頼と尊敬の対象であった教師の権威の正当性が次第に失われていく中で、教員養成政策の「要」となるものとして、教師の専門的力量形成が重要な課題となってきて久しい。論究５でも指摘したように1997年の教養審答申の「不易」と「流行」は、近年の教育養成教育を考える上で指針となるものであった。とくにここで取り上げられた教員の専門的な資質能力の育成は、教職大学院や教員免許状更新講習のカリキュラム編成にも大きな影響を与えてきたと言ってよいであろう。そこには、個々の教師の専門的力量を高め、多様で複雑な教育問題や学校教育環境に対処できる優れた教師を育成するというコンセプトがあった。そしてそれを実現させるために様々な施策が展開されてきたと言ってよい。

　ところが、2015（平成27）年の12月21日に出された三つの中教審答申は、従来のコンセプトにはないものが大幅に盛り込まれていることに注意を向ける必要がある。それが、（1）「これからの学校教育を担う教員の資質能力の向上について―学び合い、高め合う教員育成コミュニティの構築に向けて―」（中教審184号）、（2）「チームとしての学校の在り方と今後の改善方策について」（中教審185号）、（3）「新しい時代の教育や地方創生の実現に向けた学校と地域の連携・協働の在り方と今後の推進方策について」（中教審186号）である。この中でも（2）の答申（以下、チーム学校答申）は、同時期に並行して審議されていた次期学習指導要領の教育課題を実現させるために、どのような学校組織や地域連携を進めればいいのかを提示したものである。しかも教師の専門的力量の問題は、スクールマネジメントの改編との関わりの中で提言されており、こうしたスタイルはこれまでにはあまり見られなかったものである。

　1997年の教養審答申にも見られるように、従来は個々の教師の力量形成の問題に集約される傾向性があったが、学校や地域社会との連携まで視野に入れたマネジメントの視点も重視されている。とくにチーム学校答申で注目したいのは、教師が「学習指導」や「生徒指導」に力を入れられるようにするため、学校教育をめぐる多様な問題に対しては、教師と他の分野の専門家との連携・協働によって対応していくことが指摘されている点である。より具体的には、教育問題に関してスクールカウンセラーやスクールソーシャルワーカーと、養

護教諭や栄養教諭等、さらに課外活動については部活動指導員との役割の連携・分担を図ることである。

さらに、教師に対する不当な要求に対する問題解決のためには、弁護士等による支援チームを教育委員会に設置することも求められている。家庭や地域社会との連携や協力のためには、全国的にも徐々に広まりつつある学校運営協議会制度を導入する「コミュニティスクール」を活用して、チームとしての学校を支える体制づくりを推奨している。また（3）の答申と連動する形で、地域社会との連携に関しても改善方策が提言されており、地域住民や団体等による緩やかなネットワークを構築し「地域学校協働本部」を設置して、学校に置かれる地域連携担当教職員との連携・協働を強化することが提言されている。

このように三つの答申においては、これまではどちらかと言えば現代社会の大きな変容の中で学校の機能や教師の役割を高め、対応しようとする傾向が強かった文教政策の方向性を、チーム学校と地域社会との連携・協働を強めていくことによって教育を取り巻く諸問題を解決していこうとする方向へと転換させていくことが目指されていると言ってよいであろう。

このような広い視野に立った教育改革の中で、（1）の答申においては教師の専門的力量形成として、以下の三つが掲げられている。

○これまで教員として不易とされてきた資質能力に加え、自律的に学ぶ姿勢をもち、時代の変化や自らのキャリアステージに応じて求められる資質能力を生涯にわたって高めていくことのできる力や、情報を適切に収集し、選択し、活用する能力や知識を有機的に結びつけ構造化する力。

○ AL の視点からの授業改善、道徳教育の充実、小学校における外国語教育の早期化・教科化、ICT の活用、発達障害を含む特別な支援を必要とする児童生徒等への対応などの新たな課題に対応できる力量。

○「チーム学校」の考えのもと、多様な専門性をもつ人材と効果的に連携・分担し、組織的・協働的に諸課題の解決に取り組む力。

この三つの力量形成には、教職を取り巻く厳しい状況を、単に学校や個々の教師の資質や能力を向上させるだけではなく、学校・家庭・地域社会の新たな連携・協働の体制を通して解決しようとする教師に必要なものが集約されている。2020（平成32）年度の小学校から順次始まる次期学習指導要領の全面実施に合わせて、教師の専門的力量形成の成果が問われるところである。

論究 7：チーム学校における養護教諭の役割

　チーム学校という考え方に基づいて、教職員や他の専門スタッフとの連携・協働を図る際にとくに注目されるのが、養護教諭との連携・協働活動であろう。これまで養護教諭は、学校医との協力のもとに児童生徒の健康教育や救命処置に力点を置いて学校教育に関わることが主要な役割と認識されていた。

　しかし「保健室登校」に対応する役割が重視されて以来、養護教諭は学校教育において、精神的に課題のある児童生徒たちに寄り添い、彼らの変容の予兆をいち早く見つけ出せる位置にいることが広く認知されることになってきた。そのため、子どもたちの身体的・精神的なSOSを敏感に受け取り、その解決に向けて教諭と養護教諭との密接な連携が必要になってきている。

　文科省では、2016（平成28）年7月に「これからの養護教諭・栄養教諭の在り方に関する検討会議」を設置し、養護教諭が学校における他の教職員やスタッフと連携しながら、支援するためのノウハウの在り方を模索してきた。その際に期待されてきたのが、生徒指導面での役割である。従来養護教諭の学校教育における役割は、児童生徒の健康課題に応えることであった。すなわち今日の児童生徒は、「肥満・痩身、メンタルヘルスの問題、アレルギー疾患の増加、性に関する問題」等、身体の健康に関する多様な不安を抱えている。それに対する的確な指導を行うことは養護教諭が得意とするところである。

　しかし、こうした身体的な問題の背景には、いじめ、児童虐待、不登校、貧困問題等の教育問題が横たわっていることもあると言われている。このように多様で複雑な現代社会においては、身体的問題と精神的問題が相互に密接に絡んでいる場合がある。そのため生徒指導の必要がある児童生徒の問題解決には、一般教員相互の連携だけではなく、養護教諭との連携・協働活動が不可欠になってきており、したがって養護教諭が行うべき取り組みについて文科省は以下のような定義づけを行っている。

　　　養護教諭は、児童生徒が生涯にわたって健康な生活を送るために必要な力を育成するために、教職員や家庭・地域と連携しつつ、日常的に、「心身の健康に関する知識・技能」「自己有用感・自己肯定感（自尊感情）」「自ら意思決定・行動選択する力」「他者と関わる力」を育成する取組を実施する。

　こうした養護教諭の新しい定義づけからもわかるように、児童生徒に対する生徒指導の在り方は、従来とは大きく変わっている。児童生徒が生涯にわたる望ましい生活を送るためには、心身の健康を図るために、規則正しい生活習慣を身につけ、自分自身に自信をもち、

多様な角度から自己判断ができ、目標に向かって努力し、「家族や仲間とよい人間関係を保つ」ことが望まれる。そのためには一般教員と養護教諭が日頃から連携し、常時意見交換ができる体制を個々の学校につくり上げていくことが重要であるように思われる。

【総合的論究】 本講習を受けて、これからの**教師**にはどのような**資質能力**がもっとも重要であると思いますか。自己の見解をまとめてください。

引用・参考文献（主に「論究」箇所の文献）
・小川哲哉（2014）『主体的な〈学び〉の理論と実践―「自律」と「自立」を目指す教育―』青簡舎.
・茨城大学（戦略的地域連携プロジェクト）・茨城町教育委員会監修、小川哲哉・佐藤和彦・廣戸隆編著（2014）『二つの学びが新生する公立学校―茨城町立青葉中学校の誕生―』協同出版.
・小川哲哉他著（2017）『歴史に学ぶ日本の教育』青簡舎.
・尾木直樹（2007）『教師格差―ダメ教師はなぜ増えるのか―』角川書店.
・加藤崇英編（2016）『「チーム学校」まるわかりガイドブック』教育開発研究所.
・喜入克（2007）『高校の現実 生徒指導の現場から』草思社.
・坂田仰・黒川雅子（2013）『事例で学ぶ"学校の法律問題"―判断に迷ったときに手にとる本―』教育開発研究所.
・デュルケム、E／麻生誠・山村健訳（1964）『道徳教育論1』明治図書.
・文部科学省（2017）『現代的健康課題を抱える子供たちへの支援―養護教諭の役割を中心として―』.

第3章

子どもたちの発達と特別な支援を必要とする子

三輪壽二

はじめに

　子どもたちは日々、成長・発達をする存在とも言われるが、これを扱う本章のテーマは大きく分けると二つである。一つは、一般的な発達の様相についてである。子どもたちがどのように成長・発達していくか、その時々においてどのようなテーマや課題に突き当たるのか、それらの特徴を述べる。なお、本章では、成長と発達という言葉について、大まかには、身体的なことを成長、精神的なことを発達としてとらえて論じていることをお断りしておく。

　もう一つは、特別な支援を要する子どもたちについてである。インクルーシブ教育が求められている教育の現状の中で、たとえば学校では、通常学級において気になる子どもたち、あるいは特別な支援を要する子どもたちへの理解や対応が必要となっている。本章では、自閉症スペクトラム障害と注意欠如・多動性障害について、その特徴と対応を取り扱っている。

1．子どもの発達を考えるときに大切なこと

　子どもたちの発達や成長を考えるときに、次の四点は留意する必要がある。

①個人差があること：発達や成長は個人によって異なるということである。
②臨界期と可塑性があること：学習にはそれぞれの内容によって最適な時期があり、その時期を逸すると学習が困難になる時期を臨界期と言う。野性児研究はそのことを示唆するとされてきた。ただし、人間の場合、臨界期の固定性が他の動物と比べると緩いと言える。
③発達は個体の特質と環境の相互作用で促進されること：身体の成長には、食物を摂取する

ことが必要である。同じように、精神の発達にも環境からの作用が必要である。たとえば、言語を使う能力を生来的に有している子どもが、自分の周囲で言葉が飛びかう環境の中で育つことにより、言葉を覚えていくのである。つまり、精神発達も、個体の特質と環境の産物ということになる。

④発達には段階があること、あるいは順序性があること：座ることができるためには首がすわることが必要である。つまり、一定の順序が存在する。同じように、精神発達についても習得するテーマや課題に順序があると考えられるだろう。そして、それらの習得を臨界期的な考え方を含めて順序づけしていくと、段階という考え方につながっていく。ただし、発達段階という考え方は、教育制度がつくり出したのだ、とする見解もある。

2．知的発達の理論と心理─社会的発達の理論

発達段階論に批判的な見解があることを前述したが、子どもたちの成長や発達の具合に目安をつけていったり、幼稚園や小学校でどんなことを身につけてほしいか、あるいは求めても無理なのかを教師や大人が理解するためには、発達段階という考え方の危うさを念頭に置きながら参考にしていくことで、一定の指標にはなるだろう。

ハヴィガーストは、個々人の生活─発達過程のそれぞれの時期に現れる課題があり、それを発達課題と呼んだ。その課題を達成できれば後の生活によい影響を及ぼすが、達成できないと後の生活に悪い影響が生じると考えた。こうした考え方は、人生をいくつかの段階に分けて、ライフステージの各段階に発達課題やテーマを設定する発達段階の考え方に発展することになった。

ここでは、ピアジェの知的発達の考え方、エリクソンの心理─社会的発達を扱ったライフサイクル論を紹介する。

（1）ピアジェの知的発達論

ピアジェは、人間の知的発達を、生来的なシェマによる環境への働きかけを通じて環境を同化していく過程と、環境に適合するようにシェマを変更していく調節の過程に分けた。しかし、いずれも人間の欲求や主体性を基本にして環境との折り合いをつけていく過程であることに変わりはない。そして、知的発達の段階を次の四つの段階に分けている。

第一段階は、感覚─運動期（0～2歳頃）である。この段階は言語の獲得が不十分なため表象（イメージ）をもつことが難しい状態である。この時期は、刺激に対する自動的な反射に

よる反応、繰り返しによる習慣、さらには目的のためにいろいろな手段を試す等の段階を経て、イメージをもてる時期に移行していくとされている。したがって、この時期は、感覚と運動の協調が課題となっており、感覚運動的知能と呼ばれている。

　次の段階は、前操作期（2〜7、8歳頃）という段階である。この段階の前半は、あとから人のまねをする遅延模倣、積み木のようなシンボルで遊ぶ象徴遊び、心像の形成、描画、言語の獲得が進む時期で、後半になると、それらの発達がさらに進むことになる。しかし、この段階の認知発達には当然限界もある。たとえば、同じ量の水を高さの異なるコップに移す場面を見せても、二つのコップに入った水を同じ量とは判断しない（液量保存課題）。また、向こう側から見た風景を想像して絵を描くことができない。つまり、別な角度や他の立場からものを考えることが難しいということである。このことを、ピアジェは自己中心性と名づけた。そして、アニミズム的な思考もこの時期には残っているとされる。

　第三段階は、具体的操作期（7、8〜11、12歳頃）である。ほぼ、小学校の時期に該当する。この段階になると、前述の液量保存課題をクリアでき、保存の概念が成立し、これが数の保存に適用されると1対1対応が可能となる。また、分類という思考も可能になり、男―女、大人―子どもといった四つのグループに分けることが可能になる。こうして、加減乗除ができるようになる。

　そして、第四段階が、知能の最終段階とされる形式的操作期（11、12歳〜）である。この時期に入って、具体的な事象にとらわれない抽象的な思考が可能になる。仮説検証的な実験や、三段論法、さらには自由、生きる意味といったことを考えることができるようになる。つまり、一般成人の思考と同じ段階に入るということである。

(2) エリクソンのライフサイクル論

　エリクソンは人生を八つのステージに分け、それぞれのステージに発達に関するテーマがあると考えた。エリクソンは、課題というとらえ方では、それを達成できないと次に進めないというニュアンスが強くなると考え、あえてテーマという概念で心理―社会的な発達段階を構想している。それゆえ、それぞれのテーマに関連して生じる葛藤的図式を提出し、その望ましい方が望ましくない方よりも少し獲得できればよいと考えたのである。エリクソンの心理―社会的発達段階をまとめたものが図1である。

　図1には、心理―社会的発達のテーマ以外に、中心となる環境、徳という項目がある。中心となる環境は、各ステージでの発達を左右する中核環境のことである。徳は、そのステージの心理―社会的発達テーマの左側が右側より上回って達成された場合に身につくと考えられた項目である。本章では、テーマを中心に取り上げておく。

図1　エリクソンの心理―社会的発達の漸成発達図

	心理―社会的発達テーマ	中心となる環境	徳
老年期	統合性　対　嫌悪・絶望	人類・親族	英智
成人期	生殖性　対　自己吸収	家族・伝統	世話
初期成人期	親密性　対　孤立	性愛・結婚	愛
青年期	アイデンティティ　対　アイデンティティ拡散	仲間・外集団	誠実
学童期	生産性　対　劣等感	近隣・学校	適格性
遊戯期	主導性　対　罪悪感	家族	目標
早期幼児期	自律性　対　恥・疑惑	両親	意志力
乳児期	信頼　対　不信	母	希望

出典：西平（1979）を参考に筆者作成。

　八つのステージは、乳児期、早期幼児前期、遊戯期、学童期、青年期、初期成人期、成人期、老年期である。エリクソンは青年期のアイデンティティ研究が有名であるが、人間の一生にとってとくに重要なステージとして考えていたのは、乳児期と青年期である。

　乳児期の信頼対不信というテーマは、主に外界への信頼感のことであろう。つまり、自分の周囲の世界を信じることができれば、苦しいことがあってもなんとかなる、世界はそれほど悪くない、あるいは信頼に値する、と思うことができるということである。これは生きる中でのよい意味での楽観的な展望をもてるということである。それゆえ、エリクソンはこの時期を重視したと言えよう。

　早期幼児期のテーマは、自律性対恥・疑惑である。この自律性は、自分の内的欲求に対するコントロールを意味していると考えられる。乳児期の対象が外界への信頼であるとすれば、ここでは内的世界への信頼と言えるだろう。この時期は年齢的にはトイレットトレーニングが行われ、いわゆる第一次反抗期に入る時期でもある。この時期を通して、子どもは自分の内的欲求をどれだけコントロールできるようになるかが問われている。つまり、我慢するということであり、それが意志力という徳につながっている。うまく我慢できなければ、自分のコントロールに失敗したことになり、自分への疑惑や不信感、恥ずかしいという感覚が生まれてきてしまう。

　遊戯期は、早期幼児期を含めて幼稚園の時期と重なり、主導性対罪悪感がテーマとなっている。この主導性は自発性という意味も含んでおり、幼児が好奇心をもって遊びを媒介として外界に自由に働きかける姿がイメージできるであろう。そして主導性にはリーダーシップという意味もある。同年齢を中心とした他者との関係が経験される時期で、その他者との関係の中でルールを守ったり、リーダーシップをとって自己主張を行うのである。この関係も多くは子どもたち同士の遊びの中で行われることが多い。したがって、遊びがこの時期の子どもにとって重要な意味をもっているのである。

　学童期は小学校にあたる時期である。このステージのテーマは生産性対劣等感である。生

産性の意味は、みんなで目標を達成し自分が役立っている、という感覚である。自分の得意なことや好きなことを見つけ出し、それをめぐって目標を立て成果を挙げて役立っている自分を意識する。たとえば、走ることが得意な子は運動会で活躍し、歌がうまい子は音楽祭でクラスに貢献する、ということである。そして、成果が挙がらなければ劣等感をもち、自信を失う。

　青年期は思春期を入り口にしながら中学時代からしばらく続く時期である。エリクソンが言うアイデンティティとは、自分の不変性（私は私で他者とは違う）と連続性（私はずっと私であったし私であり続ける）を自覚でき、他者からも認められることである。つまり、自分が何者であるかについて自他ともに認め、自信がもてるようになるということである。ある人はそれを職業に求めるかもしれないし、他の人は家族の一員としての自分にそれを位置づけるかもしれない。いずれにせよ、少なくともどういう職業に就きたいのか、どんなパートナーが自分に合うのかが自覚できることが求められ、自分が生きる意味を見つけ出す時期と言えるだろう。

　初期成人期のテーマは親密性対孤立である。この親密性は結婚を代表とするパートナー選択の問題が主として取り上げられることになる。それが青年期に自覚するテーマと重なることは見えやすいところだろう。

　成人期のテーマは生殖性対自己吸収である。生殖性は自分の子どもをもち養育し世話をすることであるとともに、自分が次の世代を指導することを意味している。つまり、自分を離れて他者を育てるということである。また、自分の成果を残すことも含意されており、それが職業上の成果であることも多いだろう。

　老年期は統合性対嫌悪・絶望がテーマとなる。統合性とは、自分の一生についておおよそ納得がいく、あるいは受け入れるということである。その受け入れができないと、自分の人生に後悔、嫌悪が生じることになる。

3．発達障害へのアプローチ

　特別な支援を要する子どもたちには、知的障害の子どもたち、外国人児童生徒の問題や貧困の問題等もあるが、ここでは、その中で、発達障害の子どもたち、とりわけ自閉症スペクトラム障害と注意欠如・多動性障害の子どもたちのことを取り上げる。

　発達障害に関する厚生労働省の定義によれば、発達障害は自閉症スペクトラム障害、注意欠如・多動性障害、学習障害等が含まれるが、それらの共通点は二つである。一つは、脳機能（中枢神経系）の障害であること、もう一つは、幼児期から発症することである。

脳機能の障害ということは、生来的な傾向性を含みとしており、脳の局在的な研究が活発に行われてきた。しかし、決定的な見解は出ていない。幼少期の発症という点は、生来的な傾向性であればほぼ必然的なことがらとも言えよう。そうだとすれば、それらの子どもたちに関わる教師は、完治することを前提として教育を行うというよりも、そうしたハンディがある子どもたちをどのように支援していくか、という方向性を模索せねばならないだろう。この件に関連して二次障害の問題があるが、これについては後述する。

（1）注意欠如・多動性障害

【事例A】

> 　小学校5年生の男子。ノートや教科書をパラパラめくったり、キョロキョロしたりして注意散漫気味。好きなことには熱心で理解もよく、知的には高いのではないかと感じさせるが、面倒なことは嫌がり、嫌いなことにはすぐ飽きる。忘れ物や紛失物が多い。友人とのトラブルも時折あり、かっとするとすぐに手が出てしまうこともある。何らかの問題を起こしても、ウソを言ったり、言い訳や反論をしたりする。トラブルの後に注意すると反省することもあるが、繰り返してしまう。廊下の片隅で「どうせ、俺なんて……」とつぶやく。

【事例B】

> 　小学校2年生の男子。教室外で音がするとすぐに離席する。授業中は集中力に欠け、知っていることが話題になると、すぐ答えを言ってしまったり、自慢するかのように勝手な演説が始まってしまう。鉄棒が好きで他の児童が鉄棒を使っていても横入りしたりして無理やり自分が使ってしまう。整理整頓が下手で鉛筆がなくなったり、他の児童生徒の文具を家に持ち帰ったりしてしまう。

　注意欠如・多動性障害（ADHD）は、表1の診断項目からわかるように、注意欠如と多動性・衝動性の二つを本質とする障害である。注意欠如が多く顕在化するタイプ、多動性や衝動性が多く顕在化するタイプ、両方とも見られるタイプに分けられる。注意欠如だけが顕在化するタイプは女子が多いとされ、多動性や衝動性が顕在化している二つのタイプは男子が多いとされている。

　注意欠如は、表1のA（1）の（a）から（i）の九つの症状として現れるが、注意力の維持

表1 注意欠如・多動症／注意欠如・多動性障害

A. （1）または（2）によって特徴づけられる、不注意および／または多動性−衝動性の持続的な様式で、機能または発達の妨げとなっている。

（1）不注意：以下の症状のうち六つ以上が少なくとも6カ月以上持続したことがあり、その程度は、発達の水準に不相応で、社会的および学業的／職業的活動に直接悪影響を及ぼしている。

（a）学業、仕事などの活動中に綿密に注意できない、または不注意な間違いをする。たとえば、細部を見逃す、作業が不正確など。

（b）課題または遊びの活動中に、注意を持続することが困難である。たとえば、講義、会話に集中し続けることが難しい。

（c）直接話しかけられたときに、聞いていないように見える。たとえば、注意を逸らすものがないのに心がどこかよそにあるように見えるなど。

（d）しばしば指示に従えず、学業や仕事や用事をやり遂げることができない。たとえば、課題を始めてもすぐに集中できなくなるなど。

（e）課題や活動を順序立てることが困難である。たとえば、一連の課題を遂行すること、資料や持ち物の整理、時間の管理等が苦手で、締切を守らない、作業が乱雑など。

（f）精神的努力の持続を要する課題（たとえば、学業や宿題、報告書の作成、書類にもれなく記入すること等）に従事することを避ける、嫌う。

（g）課題や活動に必要なもの（たとえば、鉛筆、本など）をしばしばなくしてしまう。

（h）外的な刺激によってすぐ気が散ってしまう。

（i）日々の活動（たとえば、用事を足すこと、お使いをすること、お金の支払い、折り返し電話をかけること等）で忘れっぽい。

（2）多動性および衝動性：以下の症状のうち、六つ以上が少なくとも6カ月持続したことがあり、その程度は、発達の水準に不相応で、社会的および学業的／職業的活動に直接悪影響を及ぼしている。

（a）手足をそわそわ動かしたり、トントン叩いたりする。椅子の上でもじもじする。

（b）席についていることを求められる場面で、しばしば席を離れる。

（c）不適切な状況で走り回ったり、高いところへ登ったりする。

（d）静かに遊んだり、余暇活動につくことがしばしばできない。

（e）じっとしていない、またはまるでエンジンに動かされているように行動する。

（f）しばしばしゃべりすぎる。

（g）しばしば質問が終わる前に出し抜いて答え始めてしまう。たとえば、会話で自分の順番を待つことができないなど。

（h）しばしば自分の順番を待つことができない。

（i）しばしば、他人を妨害し、邪魔する。たとえば、ゲームや会話に干渉する、相手の許可を得ずにものを使用する、横取りするなど。

B. 12歳になる前から症状のいくつかが現れていた。

C. 症状のうちいくつかが二つ以上の場所（学校と家庭など）で存在している。

出典：DSM−5をもとに筆者作成。

困難と注意の無選択性がその本質にあり、気が散りやすい、ケアレスミスが多い、集中力がない、面倒な課題は避けたがる、整理整頓が苦手で忘れ物が多い、といった行動特性が表現される。注意欠如は大人になっても継続する。

　対応としては、本人の努力による改善が望みづらいので、教育よりも支援が必要である。学習環境を外的刺激が入りづらい状況にする、家庭学習等は10分学習・5分休憩といった短時間で区切っての学習方法を採用する、ロッカー内の本やノートの整理は積み上げをしないで縦に並べるようにする、保護者への重要なお知らせ等は教師がかばんに入れる、といっ

た一手間かけた対応をした方がよい。

多動性は、表1のA（2）の（a）から（f）まで、衝動性は（g）から（i）までの行動特性として現れる。多動性は10歳頃、衝動性は12歳頃を境にして消失していくことが多い。学校で問題となりやすい離席は、目的的な行動なので危険度は本来低い。

対応としては、正しい行動を短い言葉で具体的に指示するようにする。長い説諭はあまり効果がない。レッドカードを出す等、視覚に訴えるような方法の方がよい。抑制が効かなくなったときは、あらかじめ本人と話し合っておいたクールダウンできる場所に行くことを勧める。友人とのトラブルに発展した場合は、できればその日のうちに本人と、"自分の行動をどう思うか""（トラブルの今後の処理は）どうしたらよいか"の2点のみ話し合い、妥当な回答が得られれば、「よく考えられたね。（トラブルの処理が終われば）この件は、これでおしまい」と終止符を打つようにする。

そして、注意欠如・多動性障害の子どもたちは「ほめる」ことが肝要である。これについては後述する。

(2) 自閉スペクトラム症／自閉症スペクトラム障害

【事例C】

中学3年の男子。学力は小学校4年生くらいまでは高かったが、5年生あたりから下降し、現在は平均点に少し届かない。漢字や計算には強いが算数の応用問題や小説文には難があり、作文は苦手。しかし、北海道から沖縄まで地方テレビ局の名称をほとんど知っている。

小学校6年生のとき、クラスの女子の下校の際に家まで後をつけ、家の前でうろうろして、学校に連絡されたことがあった。また、この時期、からかわれるような軽いいじめがあった。友人関係はないわけではないが、誘われるとついていくような関係のとり方がずっと続いてきた。挨拶はできるが、どこか不自然な紋切り型の様子。顔を合わせると視線が逃げていく。問題があったときに、教師が本人を注意してもヘラヘラしている。

家庭では、ときどき、小学校低学年のときに読んだ漫画を見て考え込んでいることがある。こういうときは、何冊もの漫画のそれぞれお決まりのページを開いて、自分の周囲に置いている。学校以外はどこに行くにも、紙袋と3歳のときに買った小さな犬のぬいぐるみを持っていく。中学2年の4月に、授業中に自分の椅子の両脇に英語の辞書と国語辞典を置き始め、それを拾って手渡した教師に殴りかかったことがあった。

表 2 自閉スペクトラム症／自閉症スペクトラム障害

A. 複数の状況で社会的コミュニケーションおよび対人的相互反応における持続的な欠陥があり、現時点または病歴によって以下により明らかになる。

(1) **相互の対人的―情緒的関係の欠落**で、たとえば、対人的に異常な近づき方や通常の会話のやり取りのできないことといったものから、興味や感情を共有することの少なさ等に及ぶ。

(2) **対人的相互反応で非言語的コミュニケーション行動を用いることの欠陥**で、たとえば、まとまりの悪い言語的・非言語的コミュニケーション、視線を合わせることと身振りの異常など。

(3) **人間関係を発展させ、維持し、それを理解することの欠陥**で、たとえば、様々な社会的状況に合った行動に調整することの困難さ、想像上の遊びを他者と一緒にしたり友人をつくることの困難さなど。

B. 行動、興味、または活動の限定された反復的な様式で、現在または病歴によって、**以下の少なくとも二つにより明らかになる。**

(1) 常同的または反復的な身体の運動、物の使用、または会話（おもちゃを一列に並べる、反響言語、独特な言い回しなど）

(2) 同一性への固執、習慣への頑なこだわり、言語的・非言語的な儀式的行動様式（小さな変化に対する極度の苦痛、儀式のような挨拶の習慣、毎日同じ道順をたどるなど）

(3) 強度または対象において異常なほど、極めて限定され固執する興味

(4) 感覚刺激に対する過敏さまたは鈍感さ、または環境の感覚的側面に対する並外れた興味（痛みへの無関心さ、特定の音や触感に反応をする、光または動きを見ることに熱中するなど）

出典：DSM-5 をもとに筆者作成。

　自閉症スペクトラム障害は、対人関係形成の問題と固執性の問題の二つが本質と言える。その問題の程度によって重度、中度、軽度に分けられている。それらのうち、軽度の子どもたちと中度の子どもたちの一部が通常学級の中にいると考えてよいだろう。

　対人関係形成の問題は、共感能力の乏しさや自他の感情認知がうまくいかないことから生じている。いわゆる空気が読めないということである。そのため、注意を受けてもヘラヘラしてしまい、相手をいっそういらだたせることになってしまうし、他者の不快を想像しづらく自分の思いで行動してしまう。非言語的コミュニケーション手段の利用がうまくないため、余計に感情認知に課題が生じてしまう。小学校5年生くらいから国語の成績が下がるのもこの感情認知の問題が影響している。

　この対人関係形成の問題から、通常学級に在籍する自閉系の児童生徒は三つのタイプに分かれる。一つは、他者に自分から接近するタイプ。しかし、他者の状況を理解しないまま自分の思い等を長々と述べるため、他者には、わがままとか自分勝手に見えてしまう。二つ目は、誘われればついていくタイプ。このタイプは自分から誘うことはほとんどない。ただし、一緒のグループで遊んでいるように見えても一人だけ違うことをやっていたり（幼稚園児に多い）、悪い場合には、友人たちの言いなりになってしまうこともある。三つ目は、他者との関係をとれないタイプである。従来の自閉症として描かれていたタイプである。他者を寄せつけない感じになり、周囲もあまり近づかないので、いつも一人でいることになるタイプである。

　固執性については、背景におそらく不安があると考えた方がよい。そのため、何かの形式

にこだわる（たとえば通学路や集合時間を厳格に守る等）。形式的にすることで生活が一定化して安全性が確保されるのである。環境の変化にとても弱く、学校では日課の変更程度のことでもパニック的になる。事例Ｃが家庭で特定の漫画を開いて眺めているのも、辞書を足元に置くのも、学年が変わることによる学校生活への不安から行われていた。また、この診断項目に含まれているように、感覚過敏がある場合もしばしばである。ある種の音に対してパニック的になったり耳をふさいで頭を振ったりする。逆に、痛みには鈍感である。大きな怪我をしていてもほとんど痛がらないことがある。

　対応としては、指導をするときには、正しい行動を短く具体的に伝えるようにすることである。注意欠如・多動性障害では「短く」に焦点があるが、自閉症スペクトラム障害では「正しい行動」と「具体的に」に焦点がある。「正しい行動」というのは唯一の正解行動という意味ではない。行動の種類には幅があり、多くの人が納得できる程度のものであればよい。自閉症スペクトラム障害の場合、不安感を抑えるために、行動をパターン化するのが望ましい。○○のときは××という行動をする（たとえば、知っている人に会ったら頭を下げて挨拶しよう）、というふうに、本人に可能な枠組みをつくってそれを指導していく方がよい。

　環境の変化に弱いので、日課の変更など、普段と異なる環境になるときには、事前に本人に個別に伝えておくことが望ましい。たとえば、クラス全体にホームルームで話したから大丈夫とは思わない方がよいということである。

　固執性については、害がない限り変わった癖でも放っておく方がよい。授業中に辞書を椅子の横に置いても誰にも迷惑はかからない。環境になじんでくれば自然にこの行為はなくなっていく。逆に言えば、何か不可解な習慣的行動が生じる場合は、子どもが何らかの不安を抱えているシグナルであると理解し、子どもに働きかけていく必要があろう。

　事例Ｃで教師に殴りかかるのはこの不安防止が機能しなかったためである。注意欠如・多動性障害の子どもたちが立ち歩きをするのと異なり、自閉症スペクトラム障害の子どもが急に教室を飛び出していく行動を起こしたり、人に攻撃を加えたりする行動をする場合は、パニック的な行動であることが多いので、教師はすぐに止めに入ることが必要である。

　また、自閉症スペクトラム障害の子どもたちには思春期に入る前に趣味をつくっておくことが望ましい。三つのタイプについて述べたが、どのタイプも他者を嫌がっているわけではない。他方、関係形成がしづらいため孤立しやすく、本人も苦しいことがしばしばである。そうしたときに趣味があるとよい。また思春期に入ると、自閉症スペクトラム障害の子どもの中には、周囲と自分が少し違うという自覚をもち始める場合がある。こうした子どもたちから、その思いを聞き一緒に考えていくことが必要である。スクールカウンセラーや他の専門機関への相談を勧めるのも一つの方法であろう。

（3）二次障害

　二次障害とは、一次障害（注意欠如・多動性障害とか自閉症スペクトラム障害等）があるために環境との齟齬が生じ、そこから形成される新しい問題のことである。たとえば、自閉症スペクトラム障害の子どもたちが幼稚園から小学校に入学して新しい環境に慣れず不登校になる場合、注意欠如・多動性障害の子どもたちが前述したように「どうせ、僕なんて……」と低い自己評価をもってしまうこと等である。あるいは、学習障害の子どもたちが学習の遅れから強い劣等感をもったりする場合である。

　発達障害そのものは、完治しないので、教育に携わる教師は、この二次障害をつくらない関わりを子どもたちともつことが重要である。離席を繰り返す注意欠如・多動性障害の子どもに「どうして何度言ってもわからないのですか！」と繰り返し指導しても、そこに残るのは、離席の改善ではなく、子どもたちの自己評価の低下である。本人も好きでやっているわけではなく、どうしてもそうなってしまうのである。そのため、指導の方法にも工夫が必要なのである。

　発達障害の症状が幼少期から現れるとすれば、注意欠如・多動性障害の子どもたちは、家族旅行でもあちこち走り回るであろうし、幼稚園でも友達を叩いたりして、周囲の大人から注意を受け続けてきたと考えてよいだろう。子どもの側からすれば、僕（私）はダメな子ども、と思ってしまう機会が圧倒的に多く、結果として自己評価が低下する。それゆえ、前述の対応で「ほめる」ことが重要だ、としたのである。

　また、二次障害とは異なるが、発達障害の子どもたちが医療受診をしている場合には、薬を服用しているケースがある。教師として薬の効果を確認できる場面も多いが、同時に副作用にも注意を向けておく必要がある。保護者と情報交換をしながら、睡眠に関わること、食欲に関わることにはとくに注意が必要であろう。

（4）保護者対応の基本

　発達障害の子どもをもつ保護者に対する対応も教師として悩ましい課題であろう。保護者で問題になるのは、最終的には自分の子どもに障害があることを受容するというテーマである。障害名がつくことで、自分たちの育て方の問題ではなかったことがわかり、少し安心できる場合もある。しかし、それは一時的なことが多く、子どもの行動がそれで落ち着くわけではないし、子どもの将来を考えなくてはならない時期が必ず訪れる。

　教師としては、保護者のこうした複雑な気持ちに対して、協力していく姿勢をもっていることを伝えていく必要があるだろう。具体的な対応については、その都度、医師やスクール

カウンセラー等の助言をもらいながら、保護者と連携していくことも手段の一つとして考えられよう。

とりわけ、注意欠如・多動性障害児の保護者は、小学校に入学する前から、自分の子どもが他の子どもたちとトラブルを起こしたり、多動で動き回ったりすることから、子育てにつらい思いをしてきた生活の経過がある。小学校に入学しても何か問題を起こすのではないか、と不安に思っていることがしばしばである。こうした状況において、教師が子どもの問題について、保護者のこれまでの苦労を察したねぎらう言葉かけをし、連絡を緊密に取り合って保護者と一緒に子どもに対する支援や教育を考えていこうとする意思表示をすることは重要である。前述した注意欠如・多動性障害の子どもたちのかばんに保護者へのお知らせを入れるという教師の対応はこれと関係している。

とはいえ、それらを実行していくためには、教師も発達障害について知識をもたねばならない。発達障害について知ることで、子どもの改善可能な行動とそうでない行動への対応、二次障害の予防、よく起きる出来事についての予想等を保護者に伝えていく必要がある。

また、保護者が陥りがちな失敗に寛容な態度で接し、励ましていくことも必要であろう。そして、学校で子どもがいくらかでも変化したことを保護者に伝えることは、保護者の子どもへの対応にもよい影響を及ぼす。

注意欠如・多動性障害の子どもをもつ保護者に比べると、自閉症スペクトラム障害の子どもをもつ保護者は、小学校入学以前に診断されているケースが多い。そのため、保護者の方が情報を多く有している場合もあり、こうしたケースでは、保護者の希望も取り入れながら、子どもへの支援を考えていく必要がある。

これらの対応をしてくれる教師は、なかなか周囲に理解してもらえなかった保護者には心強い協力者になるだろう。こうした協力者がいる関係の中で、保護者も子どもの障害を受け入れる準備が少しずつ整っていくことになるのである。

引用・参考文献

・American Psychiatric Association 原著／高橋三郎・大野裕監訳（2014）『DSM-5　精神疾患の分類と診断の手引』医学書院.
・大野久編著（2010）『エピソードでつかむ青年心理学』ミネルヴァ書房.
・中根晃（1999）『発達障害の臨床』金剛出版.
・西平直喜（1979）「青年期における発達の特徴と教育」『岩波講座　子どもの発達と教育6　青年期　発達段階と教育3』岩波書店.
・三輪壽二（2016）「不登校児童・生徒の保護者に対するコンサルテーションの実践的活用」茨城大学教育学部学校教育教室編『現代教育の課題と教員の資質向上』.

68　第1部　教育の最新事情

第4章

子どもの生活の変化を踏まえた課題
──カウンセリングマインドを基盤とした指導の重要性──

打越正貴

１．現代の子どもの変化について

　私たちの身近でも、学校の統廃合や老人施設の増加など、年々少子高齢化の傾向が見られる。2010年の国勢調査の結果では、日本の総人口は、1億2805万7000人となっており、2000年や2005年と比べるとあまり変化はないが、少子化の影響から、14歳以下の割合が減少傾向にあり、2050年には総人口が1億人を下回り、9700万人となる見通しである。また、その一方で、65歳以上の割合が増加傾向にあり、平均寿命の伸びから、著しい少子高齢化社会が到来することが予測できる。このような世代間の人口変化、ひいては総人口の減少傾向が様々な社会構造の転換を促し、子どもの生活環境に多大な影響を及ぼしてきた。

（1）小学校の児童数の推移

　2015（平成27）年度文部科学省「学校基本調査報告書」によると、1986（昭和61）年度には約1060万人いた児童数が、2015年（平成27）度には約650万人と、児童数は30年間でおよそ6割にまで減少している。

（2）子ども（15歳以下）の人数の変化

　朝日新聞（2016年5月5日）の報道によると、「15歳未満の子どもの数は、1605万人（4月1日現在）で前年に比べ15万人少なくなり、1950年以降で過去最低を記録したことが、総務省統計局の人口推計から分かった」と述べられている。さらに、「82年から35年連続の減少。総人口に占める割合も12.6％と75年から42年連続して低下し、過去最低だった」と述べ、わが国の著しい少子化傾向とその影響の深刻さを浮き彫りにした。

(3) 中学校の特別支援学級（第 75 条の学級）の生徒数の推移

　2014（平成 26）年度文部科学省「学校基本調査報告書」では、1990（平成 2）年度から 2014 年度の変化を見ると、難聴と言語障害以外は増加の傾向にある。知的障害者が約 1 万人増加し、肢体不自由も 3 倍以上になっている。とくに、自閉症・情緒障害は 4068 人から 2 万 3248 人と約 5.7 倍に増加し、全体の 40％を占める割合になっている。

(4) 通級による指導を受けている児童生徒の推移

　文部科学省初等中等教育局特別支援教育課「通級による指導実施状況調査」では、小学校・中学校ともに 1993（平成 5）年度から 2014（平成 26）年度に至るまで、通級による指導を受けている児童生徒の数は右肩上がりに増加している。1993 年度には小・中学校の合計が約 1 万 2200 人であったのが、2014 年度には約 8 万 3000 人以上となっている。とくに中学校は、2014 年度において小学校と比べると 9 分の 1 の人数であるが、通級人数が 2014 年度には 1993 年度の約 28 倍の約 8300 人と著しく増加している。

(5) 不登校児童生徒数の推移

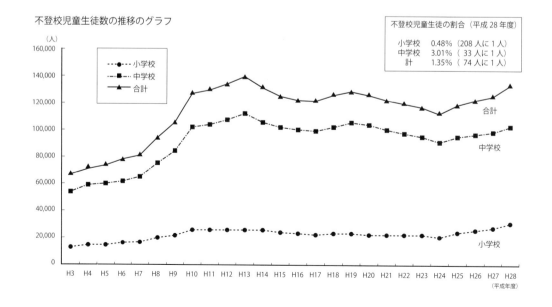

不登校児童生徒の割合の推移のグラフ（1,000人当たりの不登校児童生徒数）

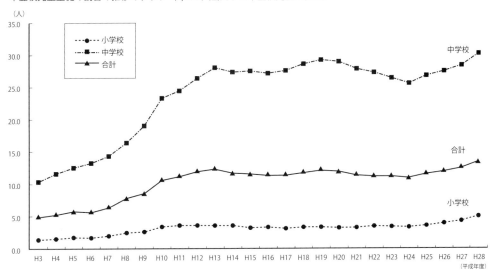

（6）学校内外における暴力発生件数の推移

出典：文部科学省、平成28年度「児童生徒の問題行動等生徒指導上の諸問題に関する調査」結果について（2017〈平成29〉年10月26日）。

学校の管理化・管理下以外における暴力行為発生件数の推移

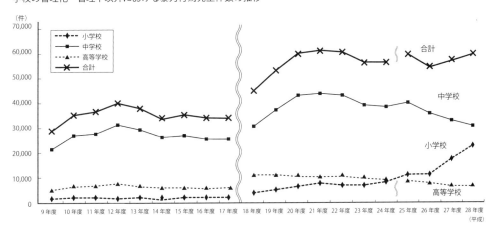

第4章　子どもの生活の変化を踏まえた課題　71

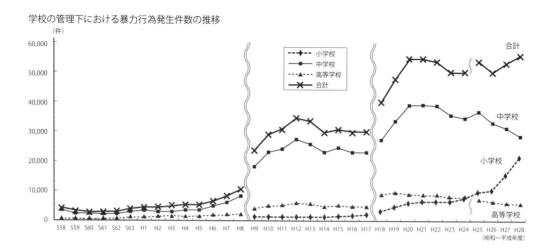

学校の管理下における暴力行為発生件数の推移

(7) 小・中学生の生活状況の変化

○家庭における学習状況の変化

出典：国立教育政策研究所「平成27年度全国学力・学習状況調査　調査結果のポイント」。

凡例：
- 3時間以上
- 2時間以上、3時間より少ない
- 1時間以上、2時間より少ない
- 30分以上、1時間より少ない
- 30分より少ない
- 全くしない
- その他
- 無回答

	質問番号	質問事項
小	13	学校の授業時間以外に、普段(月～金曜日)、1日当たりどれくらいの時間、勉強をしますか(学習塾で勉強している時間や家庭教師に教わっている時間も含む)
中	13	

【小学校】

平成	3時間以上	2時間以上	1時間以上	30分以上	30分より少ない	全くしない
27年度	11.5	14.7	36.8	24.9	9.0	3.0
26年度	11.5	14.7	36.0	25.0	9.4	3.2
25年度	11.9	15.7	35.9	24.3	9.0	3.1
24年度	11.6	14.7	33.7	25.9	10.4	3.7
22年度	11.9	14.5	32.3	26.2	11.2	3.8
21年度	11.9	14.2	31.4	26.2	12.2	4.0
20年度	11.7	14.2	30.5	26.2	12.8	4.5
19年度	11.2	14.7	32.3	25.8	11.9	4.0

【中学校】

平成	3時間以上	2時間以上	1時間以上	30分以上	30分より少ない	全くしない
27年度	10.5	25.3	33.3	17.0	8.6	5.2
26年度	10.4	24.8	32.9	17.3	8.9	5.6
25年度	10.6	26.0	32.2	16.6	8.8	5.8
24年度	10.0	25.4	31.3	17.0	9.5	6.7
22年度	10.3	25.5	30.8	16.7	9.7	6.9
21年度	10.3	25.5	29.7	16.6	10.2	7.5
20年度	10.3	25.5	29.7	16.7	10.1	7.6
19年度	9.8	25.7	29.7	16.3	10.2	8.2

○「きまり・規則」「役に立つ人間」「いじめ」について

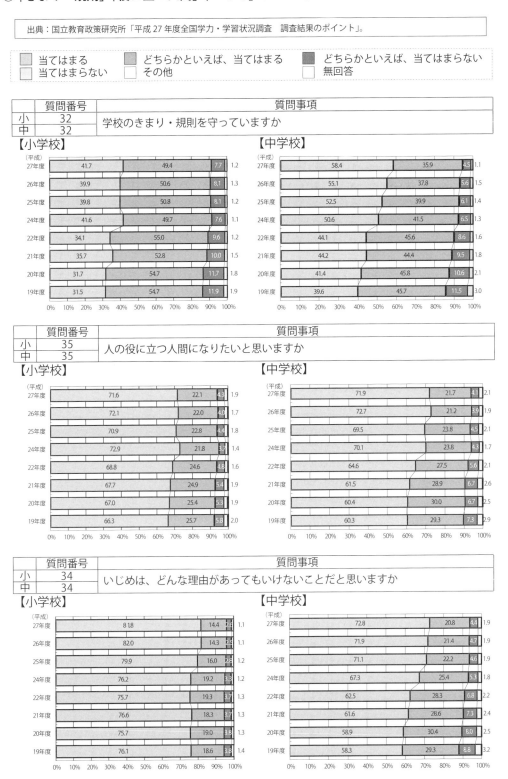

第4章 子どもの生活の変化を踏まえた課題

○生活状況の経年変化

出典：国立教育政策研究所「平成28年度全国学力・学習状況調査結果（概要）」。

◆ 小学校　■ 中学校

①-1 午後10時［午後11時］より前に寝ている
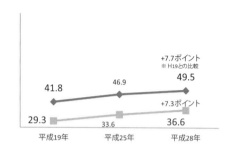

①-2 午後11時［午前0時］より前に寝ている
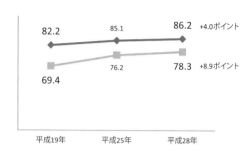

② 家で，学校の授業の復習をしていますか
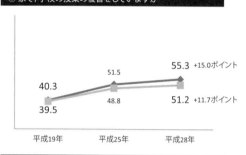

③ 家の手伝いをしていますか
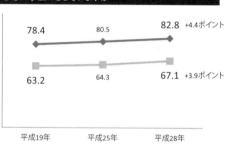

④ 人が困っているときは，進んで助けていますか
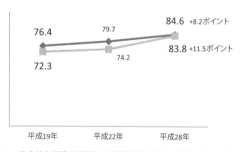

註： 肯定的な回答を選択した児童生徒の割合を集計。なお、①-1は小6は「午後10時」、中3は「午後11時」、①-2はそれぞれ「午後11時」、「午前0時」以前に寝ると回答した割合を集計。また、19年度からの経年的な変化を見るため、平成28年度以外に、平成25年度（25年度未実施の項目については、22年度）の数値も掲載。

10年間の回答状況の変化【児童生徒質問紙】

- 平成19年度の調査開始時の回答状況の変化について検証するため，平成19年時と同一の質問事項について調査を実施
- 規則的な生活習慣，学習習慣，規範意識が身についている児童生徒の割合が増加傾向
  - 「午後10時［午後11時］より前に寝ている」について，小学校で7.7ポイント，中学校で7.3ポイント増加
  - 「家で，学校の授業の復習をしている」に対する肯定的な回答が小学校で15.0ポイント，中学校で11.7ポイント増加
  - 「家の手伝いをする」に対する肯定的な回答が小学校で4.4ポイント，中学校で3.9ポイント増加
  - 「人が困っているときに進んで助ける」に対する肯定的な回答が，小学校で8.2ポイント，中学校で11.5ポイント増加

2．学級担任と学級づくり

　子どもたちを取り巻く著しい環境の変化により、家庭や社会生活における様々な状況が学校へと持ち込まれてくる。子どもたちはそれらの影響を受けながらも集団生活を営み、学校教育を通して心身とも健全な成長をしていかなければならない。これらの状況を支援していくためにも、よりいっそうの学級担任による学級づくりが重要となる。

（1）学級担任としての教室経営

ア　学級担任は、オールラウンドプレーヤー

　授業・休み時間、学校行事や校外活動、保護者への対応等、校務分掌以外にも様々な仕事がある。

イ　学級担任は、子ども一人ひとりの成長のための支援活動を行う

　子どもの変化に注目し、成長を引き出すための支援をする。

ウ　教師と子どもとの関係性の確立

　学級は年間を通した子どもと教師の親密な関係づくりの場になる。

エ　学級が子どもや教師の生活空間

　学級は1日の大半を過ごす生活の場であり、人と人との関わりの場である。それがゆえに子どもも教師も成長する場となる。

（2）学級が学級であることの意味

　無藤隆らは、学級であることの意味について下記の点を指摘している[1]。

ア　人間関係の渦巻く場

　学級というある意味で閉ざされた空間の中では、濃密な人間関係が営まれる。それだけに、子どもたちは日々の友達同士の関わりを気にかけている。教師はその隙間を見極めながら、上手に距離を保ち、理想の学級を醸成していく。
　　⇒　児童生徒理解の重要性

第4章　子どもの生活の変化を踏まえた課題　　75

イ　学級の個性

子どもと子ども、子どもと教師相互が濃密な人間関係によって日々織りなすドラマが、固有の学級の雰囲気を醸成していく。教師は、その方向性を４月当初から意識して支援していかなければならない。

⇒　学級開き・授業開きの重要性　　※子ども側からの「教師理解」という視点

ウ　様々な学習・生活集団

班活動や係活動、委員会活動、クラブ活動、縦割り異年齢集団、少人数集団等、様々な活動集団により展開される教育活動の意味を考える。

⇒　自己存在感・帰属意識・達成感や成就感の共有と育成

エ　教科指導の力量

学校生活の大半を占めるのは授業である。授業において教師の技量を上げるために教材研究の充実が重要となる。

⇒　学習指導と生徒指導は表裏一体の関係

オ　学校行事や委員会・クラブ活動等特別活動の充実

子どもたちの主体性を引き出し、生き生きとした活動を展開する機会となるように、様々な工夫改善を試みる。

⇒　自治的・自発的な活動の促進

カ　学級崩壊の未然防止

一気に崩壊は起こらない。日頃から子どもたちの状況の変化をキャッチしておくことが大切である。とくに、人間関係の変化や表情・服装の変化について。学級担任は、限界を知ることも重要である。学校の組織としての機能を活用する。

⇒　校務分掌を生かした組織的な対応　→「チーム学校」

（3）学級経営の力量形成

ア　同僚と学び合う関係づくり

子どもの様子や状況についての情報交換や、共同での教材研究や教材開発を実施する。

イ　学校組織の有効な活用

　管理職や省令主任などの立場にある教職員の協力を得る。また、養護教諭や栄養教諭などの専門的な教員との協働も大切である。

ウ　保護者・地域への対応

　ゲストティーチャーや学習支援者として保護者を学びに巻き込む。学校行事や体験的な活動におけるサポートを依頼し、協働する機会をつくる。

- ・授業参観：保護者が学校における子どもの生の姿を理解する上で重要な機会であり、同時に学校の教育目標や指導方法を知らせる大切な機会。
- ・学級・学年懇談会：指導方針や年間の行事予定についての周知はもちろんのこと、教員と保護者の相互理解が重要。　　※温かい雰囲気づくり
- ・個別懇談会（保護者面談・三者面談等）：時間を限定されるので、面談のねらいを明確にし、十分な資料を準備して臨む必要がある。受容的・共感的理解を基盤にした態度が重要。
- ・家庭訪問：子どもたちの地域・家庭での生活状況・学習環境の確認と把握をする。子どもを成長させるために、保護者と教師が共感することが重要。
- ・学級・学年通信：子どもの成長の姿や学習の成果等学校での様子を知らせたり、指導方針を伝え協力の依頼をしたりする。通信のねらいを明確にし、双方向の通信となることが重要。

エ　学校評価等の各種評価を活用

　学校評価等の評価結果を学級経営や力量形成に役立てる。また、説明責任を果たせるように記録する習慣を身につける。

３．カウンセリングマインドの重要性

（1）学校における教師の立場の限界

　不登校の子どもたちやいじめにあっている子どもたちへの対応の仕方と、教師として教えるときのアプローチの仕方は異なる部分がある。

　※教師は、時には厳しさも求められるが、不登校の子どもが学校に来ないからといって怒ったり厳しく接したりすることはできない。

・カウンセリング的なアプローチをすることと、通常の子どもへの指導が相反してしまう場合がある。

・教師として学級全体を見ていかなければならず、個々への対応には限界がある。

　　※しかし、この一人や二人の子どもにふりまわされてしまう現実がある。

○「生徒指導」と「教育相談」の比較例の一部

生徒指導的アプローチ	教育相談的アプローチ
1　しつけや生活習慣が不十分な児童生徒に対して、現実的な行動規範を教えていく。	1　不安感やこころが弱っている児童生徒に対して、心の開放やこころの安定を目指したカウンセリング的働きを行う。
2　校則違反や逸脱行為など、反社会的な態度や問題行動に対して、生徒の人格の向上を目指した指導を適時実施する。	2　子どもの表面的な行動にとらわれることなく、背景にある成育歴や家庭環境などを把握し、問題行動の意味を明らかにしていく。
3　個々の生徒や生徒全体を指導の対象とする。	3　個別指導が中心となる。
4　短時で即効性がある。	4　繰り返し時間がかかる。

　⇒　「特別な一人から全体を変えていくきっかけをつくる」という考え方が重要になってくる

○「教える」と「育てる」の違い

　尾崎勝と西君子は、「教える」と「育てる」の違いを次のように指摘している[2]。

	教　える	育　てる
はたらき	・外側から外にあるものを与える（伝達者の役割）。	・子どもの内側にあるものを外へ引き出す（援助者の役割）。
学習方法	・覚えさせることを重視する。 　忘れることが多い	・考え決することを重視する。 　思考力、解決力が身につく
時　　間	・短時間でもできる。	・長時間を要する。
学習形態	・一斉指導が中心となる。	・個別化・個性化が必要となる。
学習範囲	・教えた範囲（学んだこと）にとどまりやすい。	・発展性が高い（学んでいく力が身につく）。
測　　定	・結果の測定が可能である。	・一定の尺度では測定が困難である。

　⇒　教育相談としての人間観に基づく教育観と配慮が大切である

○**授業中の教師に対する子どもたちの主な要望**

　下記は、尾崎や西の調査によるアンケートの結果である[3]。

---

①私たちが発言や活動しているとき、その内容だけでなく、そのときの気持ちをわかってほしい。
②答えているとき、つまったり、沈黙したりしても待ってほしい。
③答えたり話したりしているとき、先生に伝わったという実感がもちたい。
④生徒の発言の機会を多くし、先生の考えを強要しないでほしい。
⑤すぐに成績に結びつけたり、評価したりする態度をとらないでほしい。
⑥「ここは試験に出すからな、しっかり覚えておきなさい」などと、試験中心の勉強はやめてほしい。

ア　カウンセリングとは

　『心理学小事典』（有斐閣、1991 年）では、「心理的問題に直面して、苦しみ、悩み、迷いなどを訴え、その解釈を求めて相談にくる人（クライエント）を受け止め、なんらかの適切な助言を与えようとする人（カウンセラー）との間で、主として言語を媒介として展開する援助の過程」と示されている。

イ　カウンセリング的アプローチとは

　カウンセリング的アプローチは、生徒理解が基本である。その深さが成否を分ける。桑原知子は、「腹の底からわかるかどうか」が重要だと述べている[4]。つまり、相手の気持ちがぴったりとわかったときにこそ、カウンセリング的アプローチの効果があるのである。

ウ　「カウンセリングマインド」とは

　『学校カウンセリング辞典』（金子書房、1995 年）では、「教師が教育指導に当たる際に必要とされる相談的な考え方や態度、またはカウンセリングで大切にしている基本的な指導理念、態度、姿勢を示す和製英語」と示されている。
　　　⇒　学校現場で教師の役に立つカウンセリング的な考え方

(2) カウンセリングマインドの必要性

　学校現場では様々な場面において、子どもはもちろんのこと、教職員、保護者など、カウンセリング的な対応が求められている。また、学習指導においても児童生徒の知的な活動だけではなく、一人ひとりの内面に関心を注ぎながら共感的な理解をしようとする姿勢を大切にしなければならない。しかし、教師とカウンセラーの両立は難しい。
　だからこそ、カウンセリングマインドが必要となる。
　教師として教育現場を熟知している尾崎や西は、カウンセリングは、授業においても「共

感に始まり、共感に終わる」と言われるように、カウンセリングの実践を通して追究され、深化された共感的理解に学ぶところが大きいと主張している[5]。

ア　いわゆる「ロジャーズの三原則」とは

『教育心理学小事典』（有斐閣、1991 年）では、以下のように解説している。まず提唱者のロジャーズの項には次のように表記されている。

　　ロジャーズ　Rogers, Carl Ransom（1902 ～ 87）

　　　アメリカの臨床心理学者。生物の成長減少に関する少年時代の関心が農学→神学→心理学へと変化し、心理的つまずきを生じた個人を援助する心理治療理論として開花した。すなわち、個人の内的可能性をその個人の独自性において開花させていく『来談者中心療法』である。それは、自己の可能性を十分に機能せる人間をめざして成長している存在という人間観に根ざしている。

そして、彼の療法の基盤となるのが、いわゆる「ロジャーズの三原則」と言われているものである。

①「自己一致」（congruence）

　自己構造（または自己概念）と有機的体験（身体で感じるもの）とが、より重なり合って、自分自身が自由になり、動けること。あるがまま、自己受容、偽りのない自己、誠実である、真実である、純粋であるなどと同義である。

②「共感的理解」（empathic understanding）

　相手と面接し、援助していく際に、相手が瞬間的に感じたり見たりしているそのままを、あたかも自分（カウンセラー）がそうであるかのように正確に感じとり、相手に伝え返すこと。この態度条件が満たされたとき、相手はよく聴いてもらっているという経験をすることができ、ひいては人格変容が促進される。

③「無条件の肯定的配慮」（unconditional positive regard）

　来談者中心的カウンセリングにおけるカウンセラー側の条件で、無条件の積極的関心ともいう。非支持的カウンセリングでは、受容（受容的態度）と呼ばれる。カウンセラーが来談者に接するときに、その人の成長可能性に全幅の信頼を寄せ、その人を疑いの目で見たり見下げたりしないで、条件付きでない態度で接することをいう。

イ　教育現場で効果的な「カウンセリングマインド」

　スクールカウンセラーとしても多くの学校において臨床経験を積んできた桑原は、学校現場で生かせるカウンセリングマインドについて、主に下記の七点を取り上げている[6]。

①「個性を認める」：無理やり型にはめないようにする。

　　例：「どうしてみんなと同じことができないの」

　　　⇒　手のかかる子を排除していないかどうか考える

②「『影』の意味」：人には影があり、いろいろな影をもっている子どもがいる。

　　自分自身にも「影」があることを知る。　※自己投影

　　例：「この子だけはちょっと」「嫌悪感や否定的な感情になる」

　　　⇒　全部受け入れるのではなく、少し大目に見る。「まあいいかな」という気持ちが大切

③「価値の転換」

　　例：不登校から立ち直った子どもが、それまでの経験を「素晴らしい経験をした」と考えられること。

　　　⇒　失敗したりできなかったりしたことをプラスの可能性へと考えていくことが大切

④「Being と Doing」

　　「ある」と「する」：現実社会では、Being より Doing の方が重要視されている。しかし、手がかかる子どもかもしれないが、そこにいるだけで価値がある Being の重要性を知る。

⑤「発達段階」

　　発達段階は、単純には進まない。戻るときもある。時には、甘えさせてあげることも必要である。とらわれすぎない。

⑥「完璧主義の罠」

　　「ミスしないようにやれ」とか「もっとがんばれ」よりは、できなかったときに「またがんばろうね」と言う方が有効である。子どもが追い込まれずに、ほっとする。

　　完璧主義は、不登校の要因にもなる。もともと本人自身が完璧を目指す子どもに対しては、「がんばれ」や「きちんとしなさい」より「そこまでしなくてもいいよ」とか「そう思っていないよ」の方が本人を縛っている鎖を緩める効果がある。

⑦「『なおす』から『育てる』」

　　イソップ寓話の「北風と太陽」の太陽の関わり方が大切である。だからこそ時間がかかる。そのためにも「待つ」という姿勢や発想が必要となる。

　　※桑原は、自分の胸に手を当てて、自分自身を素直に見つめることを勧めている。つまり、教師自身の自己理解の促進が他者理解の深化につながり、それがカウンセリングマインドの入り口となることを指摘しているのである。

４．事例検討

各事例の下の□の中に、どのように対応したらよいか自分の考えを書いてください。

【事例 1】持ち物を隠される A 子（小学 1 年生）

A 子から筆箱や上履きなどの持ち物が頻繁に隠されて、靴箱から発見されるといういたずらが続いているという相談があった。A 子には、B 子と C 子という友達がいて、いつも一緒に探してくれる。A 子は、B 子がいつも見つけてくれるのでとても感謝している。B 子は、複雑な家庭環境を抱え、転校してきた。C 子の母親は、最近病気で入院した。このところ 3 人はそろって保健室によく顔を出していた。

【事例 2】不登校傾向の D 子（小学 3 年生）の母親

母親からは、D 子が「病院に行きたい」と訴えるので、連れていくが検査しても異常はない。しかし、学校へ行くように言うと、元気がなくなって困るとのことであった。D 子の家族構成は、両親に 3 歳上の兄と 1 歳の弟の 5 人である。母親は、D 子はマイペースであるが、それなりに楽しんで生活してきたと思っている。出かけるときはいつも弟がついてくるが、病院に行くときだけは D 子と二人で通院していた。

【事例3】学級の荒れにつながった生徒E（中学1年生）

担任Fから学年主任に生徒Eについての相談があった。若手のF担任は、学級でいじめがわかったとき、いじめられた生徒Gをかばいながら、「どんな事情があるにせよいじめはいけない」と、いじめた生徒Eを指導した。しかし今回は、いじめられた生徒Gが小学校の頃に生徒Eをいじめていたという複雑な構図があった。F担任は、いつもと同じように毅然とした態度で、いじめの加害者に対応した。加害者の中心だった生徒Eが反発し、それ以来、F担任に反抗的な態度をとりだしている。生徒Eにどのように対応していったらよいか。

5．学級の中の人間関係

　学級の中の人間関係をどのように見ていくかを本山方子は、「活動の中に埋め込まれた人間関係」ととらえ、次のように指摘している[7]。

（1）活動の中に埋め込まれた人間関係

　子どもの価値観や生活様式が多様化し、「学級＝生活共同体」という見方に空洞化が生じてきた。組織の実態として人間関係をとらえることには限界が生じている。人間関係は、それ自体として取り出せるものではなく、活動が生成される中で見えてくるものである。

（2）子どもの教室における人間関係の発達

　小学校低学年では、子ども同士の関係に教師の直接介入が可能であったり、子ども同士の認め合いより教師の承認が優位に立つ。教師を潜在的に巻き込んだ人間関係が成立している。
　児童期から青年期にかけては、一般的に、小学校高学年頃には男子を中心にしてギャン

グ・グループを形成する。同じ遊びを共有する仲間を認め、同一グループによる一体感を重んじる。

　大人が示す規範やルールに対し反抗的となる。他の集団に対し排他的になる傾向がある。中学生になると、女子を中心に同輩集団を形成する。互いの共通点や類似点を確かめ合う。

（3）人間関係の問題を見出す力を育てる

・問題を「いつ」見出すか。「どう」見るのか。

・問題を「どのように」語るのか。

・子どもの「内側」を通して「後ろ側」の「けしき」をどのように見るのか。

註

1　無藤隆・澤本和子・寺崎千秋編著（2001）『21 世紀を生き抜く学級担任（1）　崩壊を防ぐ学級づくり』ぎょうせい、pp.8-23。

2　尾崎勝・西君子（1996）『授業に生きるカウンセリング・マインド』教育出版、p.9。

3　同上、pp.20-21。

4　桑原知子（1999）『教室で生かすカウンセリング・マインド—教師の立場でできるカウンセリングとは—』日本評論社、p.26。

5　尾崎・西、前掲、pp.6-7。

6　桑原、前掲、pp.51-86。

7　無藤・澤本・寺崎、前掲、pp.77-87。

第2部　学校教育の課題と教育研究の最前線

第5章

小学生の時制理解の発達
─「サザエさん」と「さわやか3組」の役割─

村野井均

はじめに

(1) 小学校英語に時制が導入

　小学校英語に過去形が導入される。しかし、教育の中で時制を教えるのは、国語では中学校2年生である。未然、連用、終止、連体、仮定、命令と動詞の活用を教える。その中で終止形の一つの使い方として過去があり、未然形の一つの使い方として未来があると教えている。一方、英語では、中学1年生で過去形を教え、2年生で未来形を教えている。つまり、日本では中学校にならないと時制を教えていないのである。英語にしても国語にしても小学生の時制理解は教授の範囲外なので、教育実践は行われていないと言えよう。

(2) 児童は回想シーンのあるアニメを見ている

　はたして児童の時制理解はどうなっているのであろう。この章では、テレビ研究から見た児童の時制理解の発達について述べる。日本のアニメは回想シーンや想像シーンが多く、構造が複雑なのが特徴である。小学校高学年になれば、「ドラゴンボール」（フジテレビ）や「NARUTO」（テレビ東京）などのアニメが人気である。いずれも連続もので、登場人物も多いアニメである。回想シーンや想像シーンがたくさん出てくる。1話の中に回想シーン、つまり過去が何度も出るだけでなく、大過去も出る。高校英語レベルの文法が使われているのである。

　児童はストーリーがわかっているから、人気があると考えられる。「ドラゴンボール」や「NARUTO」がわかるとすれば、児童は自力で映像の文法を学ぶか、学校以外で誰かが教えていると考えなければならないのである。

（3）時制を教えてきた番組──アニメ「サザエさん」と「さわやか３組」

　時制と言えば「サザエさん」（フジテレビ）が挙げられる。このアニメでは、長年にわたって同じ時制表現が使われている。「サザエさん」が日本人に基本的時制を教えてきたと言える。しかし、このアニメは時制表現の基本形しか示していない。より複雑な時制は「さわやか３組」（NHK教育）のような道徳の番組が教えていると考えるべきである。道徳の番組では、過去を振り返って自分の気持ちや相手の気持ちを考える。たとえば、クラスで飼っているウサギが逃げたのは、エサやり当番が鍵をかけ忘れたからなのか、それともエサをやりたがっていた別の子が、こっそりエサをあげ、鍵をかけ忘れたのかといったテーマを扱う。この番組では大過去など複雑な時制表現も出現している。日本には、学校の外に隠れたカリキュラムがあるのである。

　日本語は時制が明確ではない。また、学校では中学校にならないと時制を教えていない。それにもかかわらず、なぜテレビが複雑な時制を教えることができるのであろうか。この章の最後で考察したいと思う。

１．小学校低学年の時制理解──時制の手がかりへの気づき

　テレビ画面につけられる時制の手がかりへの気づきは、小学校低学年で起きると考えられる（村野井 2016）。テレビ画面の周りにつく丸いフレームや画面が白くなるホワイトフォーカスに気づくようになるのである。事例1、2は、大学生の回想である。

【事例1】手がかりの意味がわからない

> 小学校に入りたての頃
> 　回想シーンなんかとてもわかりにくくて、「なんで雲みたいのが出てきたり、変な音楽がながれたりするんだろう」と思ったことがある。

【事例2】ぼかしはテレビの故障

> 子どもの頃
> 　僕が子どもの頃、テレビのドラマを見ていたとき、途中、全体が白く、ぼーっとなるシーンがたびたびあった。これはカメラの特殊なフィルターによるものであるが、僕は

〻 そのとき、テレビが故障してしまったのではないかと思っていた。

　これらの事例は、児童が手がかりに気づき始めていることを示している。しかし、「雲みたいの」（フレーム）が時制の変化を示し、「全体が白く、ぼーっとなる」（ホワイトフォーカス）がイメージの世界を示していることを理解しているかどうかには、疑問が残る。そして、その手がかりをストーリーに正しくつなげられるのかという点も疑問である。

2. アニメ「サザエさん」の丁寧な時制表現

　日本人に時制表現の基礎を教えてきたのはアニメ「サザエさん」と言える。この番組は、時制が変わるときに少数の映像や音の手がかりを長年にわたって安定的に使い続けている（Muranoi 2016）。時制変化がどれくらい一貫しているかを調べるために、1994年と2015年の「サザエさん」各18話を分析した。表1は、1994年と2015年における時制変化の出現数である。時制の変化は、1話あたり平均1.63回起きている。「サザエさん」は、放送1回あたり3話放送されている。つまり、「サザエさん」を30分見ると時制変化が約5回生じていることになるのである。

表1　1994年と2015年における時制変化の出現数

	1994年	2015年	合計	1話あたり平均
過去形	20	17	37	1.03
未来形	16	6	22	0.6
合計	36	23	59	1.63

註：　分析した番組は1994年、2015年とも18話。

（1）映像の手がかり

　映像の手がかりには、主にフレーム（図1）が使われる。フレームはピンクや黄色をしていることが多い。「サザエさん」では、ワイプが現れてその中で4コマ分の物語を進行させ、終わるとワイプが消えるという2画面状態のワイプも使われる。誰が回想あるいは想像をしているのかが、わかりやすくなっている（図2）。

　両者とも見てわかる手がかりである。そして、時制が変わる間中、画面に出続けているという特徴がある。フレームは、1994年に時制表現の77.8％で使われていたが、2015年も82.6％と使用率が高く、ほぼ一貫していることがわかった。

図1　フレームによる時制表現

図2　2画面状態のワイプによる時制表現

(2) 音の手がかり

音の手がかりには、効果音、音調変化、BGM のオンオフがある。

「効果音」とはピョローン、キューインといった音である。回想シーンに入るとき、ピョローンと鳴る。場合によっては、現在に戻るときにも音がつけられている。英語の '-ed' にあたると言えよう。

「音調変化」とは、声の調子が普段と変わることである。声がキンキンと響いたり、モゴモゴとこもったりすることである。回想や想像をしている間だけ調子を変化させて、現在ではないこと、普通の状態ではないことを示しているのである。

「BGM」とは、背景で流れている音楽のである。「サザエさん」では短くて繰り返しのある曲が流れている。この BGM が時制変化で使われることがある。BGM が流れていない場面から、時制が過去へ変わるとともに曲が流れ始める。時制が現代に戻ると曲は終わる。過去あるいは未来へと時制が変わっている間、音楽が鳴り続けるのである。逆もある。BGM が流れている場面から時制変化とともに BGM が消えて静かになり、現在に戻るとまた BGM が流れることもあるのである。音楽で「今は、過去の話をしている」と教えているのである。

表2は、1994 年と 2015 年における音の手がかりを比較したものである。効果音は、1994

表2　1994 年と 2015 年における音の手がかりの比較

	時制変化出現回数	効果音	音調変化	手がかりがつく割合
1994 年	36	77.8	52.8	94.4
2015 年	23	78.3	47.8	95.7

註：　分析した番組は 1994 年、2015 年とも 18 話。

第5章　小学生の時制理解の発達　　89

年に時制表現の 77.8％で使われていたが、2015 年も 78.3％と同じ割合でつけられていた。声の調子が響いたり、こもったりする音調変化も同様で、1994 年には 52.8％であったが、2015 年も 47.8％と同じ割合でつけられていた。

この他、せりふでは「姉さんだってこの間～」「実はね」といった言葉の後には過去の話が続くことになる。そして「～というわけだったのよ」で現在に戻る。時制変化がわかるせりふを使っているのである。

「サザエさん」は、約 50 年間毎週放送されてきた。視聴率が高い番組が安定した時制表現を使ってきたのである。この番組が日本人に時制表現を教えてきたと言えるであろう。しかし、「サザエさん」は、現在の話から過去に行き、再び現在に戻るという基本的な時制変化しかしていないのである。

3. アニメにおける小学校中学年と高学年の断絶

高学年の児童は、連続物で複雑なストーリーのアニメを見るようになる。たとえば、「ドラゴンボール」シリーズは死んだ仲間を復活させるためにドラゴンボールという宝物を集める物語である。各シリーズの最後には、それを使って仲間を復活させるので、回想シーンが多数現れる。「ONE PIECE」（フジテレビ）も「NARUTO」も過去の戦いや仲間の死を回想する場面がたくさん出てくる。その上、時制が変化したことを教える手がかりがつかない場合が多い。「サザエさん」のようなフレームや音調変化は出てこない。つまり、高学年児童は手がかりがつかなくとも時制表現がわかるのである。

「サザエさん」の視聴だけで、「ドラゴンボール」などのように複雑な時制のあるストーリーを理解できるようになることは難しいと考えられる。小学校中学年向けの番組で、何かが、より複雑な時制を教えていることが想定されるのである。

小学校中学年児童に好まれる番組として、「ドラえもん」（テレビ朝日）と「ポケットモンスター」（テレビ東京）が挙げられる。「ドラえもん」には「タイムマシン」がある。しかしこの道具は、テレビではめったに使われない。この番組は、視聴者が幼児から小学校中学年児童までと幅広いため、時制変化はほとんど現れないのである。「ポケットモンスター」は、ポケモンを捕まえる 1 話完結型の物語であり、回想シーンが現れることはほとんどない。つまり、民間放送の中学年向け番組に、複雑な時制表現を使う番組は見当たらない（村野井 2016）。

すると、NHK E テレ（NHK 教育テレビ）の小学校中学年向け番組が、児童に時制を教えてきた可能性が考えられるのである。

4. 「さわやか3組」（NHK教育）の役割

　「さわやか3組」は、NHK教育テレビが制作した小学校3・4年生向けの道徳の15分番組である。1987年から2008年度まで放送された連続ドラマ形式の教育番組である。放送された期間が長く、知名度も高い番組である。NHK番組アーカイブス学術利用トライアルにより、NHK放送博物館でこの番組を分析した結果を以下に示す。

　この番組は、子どもが子どもを演じる日本では数少ない実写番組であった。放送後に教室で討論することを前提としたオープンエンドな終わり方をしていた。内容はギャングエイジ、リーダー、ルール、当番、忘れ物、身近な人の死、国際交流などであった。道徳の番組なので、忘れ物をしたときに昨夜の出来事を思い出したり、わがままな意見を言った後でそのことを反省したりと、回想や相手の気持ちを想像する場面が多数あった。

　時制の教育について2種類の分析をした。

年代別変化：子どもが時制に触れるのは、テレビや映画が多い。したがって、時制変化を丁寧に示す必要があると考えられる。そこで時制表現の初出と変化を分析した。分析した番組は学校がもっとも落ち着く10月に放送された番組である。この月はアーカイブ化が進んでおり、1988年10月〜2004年10月までの17年間、37本を分析することができた（2003年を除く）。

年間の変化：1994年と1999年度に制作・放送された各20本、合計40本を分析した。通年でアーカイブ化されているため、1年間で時制の出方がどう変わるかを調べた。フィーリングでつけているのか、意図的につけているのかを調べるためである。

（1）時制表現の年代別変化

　「さわやか3組」の年代別変化を時制表現の観点から分析する。主な時制表現の技法が最初に使われた年月日とその特徴を示す。

○時制表現の初出（1989年10月25日）

　時制の手がかりはワイプ＋効果音であった。「サザエさん」と類似した手法であった。この時代は、回想場面が長かった。この日の番組では、はじめと終わりが学級場面で、回想シーンが11分14秒と放送時間のほとんどを占めていたのである。当時、時制表現はあまり使うものではなく、一度時制を変えると、そこで話を完結させるものであった。昔話のよう

に、「むかしむかし」で始まって過去へ行き、お話が入り、「めでたしめでたし」で現在に戻るという構造である。時制を頻繁に変えるのは、比較的新しい現象と推測できよう。

○回想シーンで、現在と過去の二重写し初出（1992年10月28日）
　「さわやか3組」では、現在と過去の二重写しがよく使われるが、初出はこの日である。
　回想シーンが1分19秒と短くなっている。二重写しを使用することで、時制表現が簡単になり、この後、回想シーンの時間は短くなっていく。

○回想シーンの白転初出　（1994年10月12日）
　画面が白くなって時制が変わる方法の初出である。回想シーンは19秒間であり、とても短くなっている。

○「大未来」初出（1998年10月28日）
　想像シーンの中へ想像シーンが入れ子構造で入るという非常に難しい構造である。高校英語の大過去に相当する時制表現なので、仮に「大未来」と名づける。想像シーンの中で主人公の心の中を想像する場面では、8ミリ映写機が心を映し出す道具として使われていた（写真1）。

写真1　想像シーンで想像を映す

(2) 丁寧な時制表現の教育

　児童にとって、映像による時制表現はテレビや映画を見るときにしか接することがないと言える。したがって、時制が変わることを丁寧に見せる必要がある。Eテレが時制を丁寧に教えてきた例を紹介する。
　2000年2月22日に放送された「さかあがりができない」は、将来や夢の実現を考える番組であり、時制を丁寧に教えていた。主人公が、偶然20年後に行き、大人になったクラスメートに会う話である。
　校門を出ると20年後の大人になり、校門から入ると小学3年生に戻る設定となっていた。校門を通ると時制が変わるという設定を教えるために、次のような場面が使われていた。

①主人公が校門から出る（写真2）。
②物を落としたので校門の中へ入る（写真3）。
③物を拾ってから校門を出る（写真4）。

　つまり、時制が変化する場面を3回見せているのである。そのたびに、子どもと大人の二重写しになっている。丁寧に時制を教えていると言える。
　これだけではない。クラスメートが校門を出ると大人になる場面を3回見せている。写真5、6は、そのうちの一つである。右手を挙げて顔を後ろに向けて歩くという不思議なスタイルで歩く子ども（写真5）が、校門を通過すると同じスタイルの大人になることを示している（写真6）。子どもの目を引く作り方になっているのである。様々な形で時制を教えていることがわかる。
　写真5と写真6には、変な歩き方をする子どもと大人がいるだけである。しかし、児童がここで読み取らなければならないのは、時間が変わったことなのである。この対比には、変な人がいると読み取る児童と、時制概念を使って正しく読み取る児童が想定されている。目を引く作り方をして、児童の討論を引き出す作り方をしていると言えよう。
　同じく、1999年10月27日に放送された「小さな部屋」にも子どもの目を引く時制表現がされていた。この番組は、国際交流を描いていた。主人公のしょうすけは国際交流で来校したソンに日本のことを教える係をしたいと思う。ここで想像シーンに入る。暗転して、紋付羽織はかま姿のしょうすけにスポットライトが当たるのである。BGMでは琴の音が流れていた。案内係へ立候補するが、これは想像で、白転で

写真2　主人公が校門から出る

写真3　物を落としたので校門の中へ入る

写真4　物を拾ってから校門を出る

第5章　小学生の時制理解の発達　93

写真5　校門を出ようとする児童　　　　　写真6　児童が校門を出ると大人になる

現実に戻る。実際には、しょうすけは躊躇してしまい手を挙げなかったという場面である。写真7は、紋付羽織はかま姿のしょうすけである。

　教室で児童が羽織はかま姿になるという目を引くつくりになっている。時制がわかりかけている児童に、想像シーンは現実ではないこと、時制が変わっているのだということを教えるためには、このように強調された映像表現が必要なのだと言える。

　制作の視点からも同様のことが言える。今後、児童の映像づくりが進むと考えられるが、児童が制作する作品にはこのような強調が含まれる可能性がある。描画の発達では、児童独特の表現を認めている。小学校中学年は知的リアリズムの時期であり、図3のようにどんぐり眼にトウモロコシのような歯を描く時期である。通常は見えない、鼻の穴や耳が正面を向いて描かれている。指のしわも丁寧に書き込んでいるため、不潔な手でおにぎりを食べているように見えてしまう。児童が制作する映像作品には、この絵のように、この時期独特の表現が含まれる可能性があるのである。大人の番組観を押しつけることがないように気をつける必要があると言えよう。

 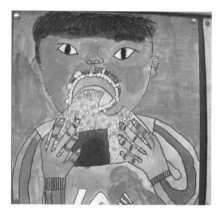

写真7　教室で紋付羽織はかまを着ている児童　　　　図3　小学4年生の絵

（3）複雑な時制表現の出現

「さわやか3組」には、想像シーンの中に想像シーンが入ったり、1番組に回想シーンが8回入ったりするなど、とても複雑な構造があった。「サザエさん」には見られない複雑さと言える。回想シーンに回想シーンが入る大過去は3回あった。想像シーンに想像シーンが入る大未来は2回あった。分析した37番組中5回あったのである。

その他、以下のように構造が複雑な番組があった。

・回想シーンから始まる番組や、夢から始まる番組。
・犬やタヌキなど第三者の立場から描いた作品。
・メイキング場面を見せる番組。

これらは「サザエさん」や「ドラゴンボール」より、話の構造も時制も難しい。複雑な時制表現や複雑な構造をした番組は、9月以降に放送されている。児童がある程度時制を理解した時期に複雑な構造を入れていると言える。

以上より、小学校中学年向けの番組「さわやか3組」に、複雑な時制表現が現れていたことが示されたのである。

このような複雑な時制表現や複雑な構造の番組を放送することができるのは、一面では不思議な現象と言える。民間放送で小学校中学年をターゲットにしている番組では、時制表現が出現することが非常に少ない。民間放送は、家庭で子どもが一人で見ることを前提に放送している。子どもがわからなければ、番組を見てもらえないのである。

ところが、NHKの学校放送は、学校で授業中に視聴することを前提にしている。そこには児童の集団があり、意見や感想が出しやすくなっている。また、教師がそばにいることも前提になっている。番組が教室にいる児童の気づき、討論を促し、それらを教師が補足することを前提としているのである。NHK教育テレビ（Eテレ）の独特な視聴形態が、難しい内容の放送を可能にしているのである。

この場合、教師が果たす役割は大きいと言える。教師が児童の発言を理解できるかどうか、メディア・リテラシーの発想をもっているかどうかが、児童のテレビ理解に大きな影響を与えるのである。

（4）時制表現の年間の変化

続いて、時制表現が年間を通してどのように出現するのかを分析した。制作者は時制表現

表3 月別に見た1番組あたりの時制表現数

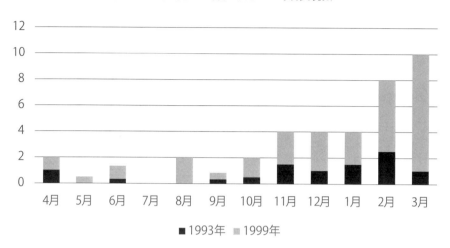

をフィーリングでつけているのか、それとも計画性があるのかを調べるためである。「さわやか3組」は月2本、年間で20本制作されている。1993年と1999年に放送された番組のすべて、各年20本、計40本の時制表現数を分析した。月別に1番組あたりの時制表現がどれくらい出現するかをまとめたものが表3である。

この表より、年度初めは時制表現が少なく、年後半はたくさん出ることがわかる。フィーリングではなく、意図をもって入れていることが推測されるのである。

まとめ

(1) 児童向けアニメ番組の断絶と橋渡し

「さわやか3組」が、丁寧に時制を教えてきたことや大過去のような複雑な文法を教えていたことが示された。

時制の視点から見ると児童向けアニメには、中学年と高学年の間に断絶がある。ほとんど時制変化が出ない「ドラえもん」や「ポケットモンスター」から、複雑な時制表現がある「ドラゴンボール」や「ONE PIECE」へつながらないのである。つまり、アニメからアニメへはつながらないのである（図4）。

今回の分析から、小学校中学年向け番組の「さわやか3組」が、基本的映像文法を教える「サザエさん」とともに、「ドラゴンボール」や「ONE PIECE」への橋渡しをしていたことが考えられるのである。これにより児童のアニメ理解の発達がつながったと言える。幼児・

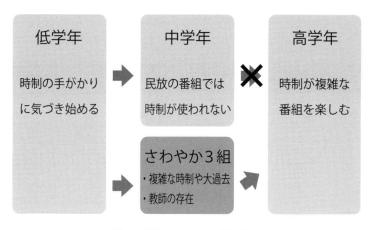

図4 児童のアニメ理解の発達

児童向け番組が豊富にある日本だから、児童は能力に合わせて番組を選ぶことで、時制を学ぶことができたのである。日本には、テレビが児童に時制を教えるという隠れたカリキュラムがあったのである。

(2) 学校放送というシステムの有効性

小学校中学年を対象とした民間放送の番組で、時制が出現することは非常に少ない。それにもかかわらず、Eテレが複雑な構造や時制表現を放送することができるのは、不思議な現象と言える。

学校放送は、学校で授業中に視聴することを前提にしている。そこには児童の集団があり、意見や感想が出しやすくなっている。また、教師がそばにいることも前提になっている。番組が児童の気づき、発言を促し、それらを教師が補足することを前提としているのである。このシステムが複雑な時制をもつ番組を放送することを可能にしているのである。

実は、「さわやか3組」を取り上げた理由には、筆者が公開授業の助言者をした経験が大きく影響している。NHK放送教育の地方大会（2003年）において「さわやか3組」を用いて教育実践した発表があった。取り上げられたのはライバル関係を描いた番組で、二人のどちらがリーダーになるかを争う内容であった。明日がリーダー決めの投票というときに、主人公の想像シーンが入れられていた。対立を表現するために場面は暗転し、ボクシングの試合場面に変わったのである。二人はトランクスをはき、手にはグローブをはめたボクサースタイルになっていた。スポットライトが当たる中、二人は近づきにらみ合うというところで、次の日になったのである。

教師は、番組視聴後にライバル関係について議論をさせようとしたのだが、児童は時制部

分がわからなかったため、ストーリーを読み間違え、ボクシング場面の表面的読み取りに終始してしまい、授業がうまくいかなかったのである。

この場合、教師が時制について一言補足すれば、結果は違ったと思われる。大人は時制がわかるが、児童はまだわからない。「テレビは見ればわかる」という教師の認識が、教育実践を失敗させた例である。

当時は、メディア・リテラシーという視点が弱かった。教師が児童の発言を理解できるかどうか、メディア・リテラシーの発想をもっているかどうかが、児童の物語理解に大きな影響を与えると言える。映像の読みとりは、教員養成で行うべき内容であるが、今でも教えていない。上記のような失敗は今後も生じる可能性があるため、教師へのサポートが必要と言えよう。

《付記》

本研究は、公益財団法人放送文化基金より、研究テーマ「NHK 教育テレビが果たしてきたメディア・リテラシー機能の検証」に対して助成を受けている。また、日本学術振興会：科研費基盤研究（c）「メディアインフォメーションリテラシーの構成要素に基づく教育プログラムの開発と評価」（研究代表：鈴木佳苗）の一部でもある。

さらに、NHK 番組アーカイブス学術利用トライアル 2017 年第 1 期に選ばれたため、番組アーカイブを視聴することができた。「さわやか 3 組」の静止画は同事務局の許可を得て掲載している。

引用文献

・村野井均（2016）『子どもはテレビをどう見るか―テレビ理解の心理学―』勁草書房.

・村野井均（2017）「時制の教育における NHK 教育テレビの役割―『さわやか 3 組』の時制分析―」、第 24 回日本教育メディア学会シンポジウム II 『学校放送番組とメディア・リテラシー』.

・Hitoshi Muranoi. (2016) *The picture expression of the tense used in Japanese animation Sazae san, comparison between 1994 and 2015* (The 31st International Congress of Psychology).

第6章
学習指導における情報活用能力の育成

杉本憲子

1．求められる情報活用能力の育成

（1）はじめに

　変化の著しいこれからの社会を生きる子どもたちに求められる力を踏まえた、新しい幼稚園教育要領及び小・中学校の学習指導要領が 2017（平成 29）年 3 月に告示された。中央教育審議会答申において、情報活用能力は、言語能力や問題発見・解決能力と同様に、教科等を超えたすべての学習の基盤として育まれ活用される資質・能力の一つとして示されている。将来の予測が難しい社会においては、情報や情報技術を受け身でとらえるのではなく、手段として活用していく力が求められることから、情報を主体的にとらえながら、何が重要かを主体的に考え、見出した情報を活用しながら他者と協働し、新たな価値の創造に挑んでいくことがますます重要になってくると述べられている[1]。

　本章では、今日育成が求められている情報活用能力の概要とそれに関わる子どもたちの状況・課題等を踏まえた上で、情報活用能力育成のための授業実践・カリキュラムづくりの取り組みと、探究的な学習を通して児童が調べた事実や情報を確かめていく学習の具体的な姿について事例に基づいて検討したい。

（2）情報活用能力とは

　情報教育で育成すべき情報活用能力に関しては、「情報化の進展に対応した初等中等教育における情報教育の推進等に関する調査研究協力者会議第 1 次報告」（1997 年）で示された情報教育の目標に基づいて、「情報活用の実践力」「情報の科学的な理解」「情報社会に参画する態度」という 3 観点が示されてきた。また「初等中等教育の情報教育に係る学習活動の具体的展開について」（2006 年）では、これらの 3 観点をさらに八つの要素として区分し、

それぞれの区分に関して具体的な指導項目が整理して示されている。以下は、これらの観点・要素の内容である。

A　情報活用の実践力：課題や目的に応じて情報手段を適切に活用することを含めて、必要な情報を主体的に収集・判断・表現・処理・創造し、受け手の状況などを踏まえて発信・伝達できる能力
　・課題や目的に応じた情報手段の適切な活用
　・必要な情報の主体的な収集・判断・表現・処理・創造
　・受け手の状況などを踏まえた発信・伝達
B　情報の科学的な理解：情報活用の基礎となる情報手段の特性の理解と、情報を適切に扱ったり、自らの情報活用を評価・改善するための基礎的な理論や方法の理解
　・情報活用の基礎となる情報手段の特性の理解
　・情報を適切に扱ったり、自らの情報活用を評価・改善するための基礎的な理論や方法の理解
C　情報社会に参画する態度：社会生活の中で情報や情報技術が果たしている役割や及ぼしている影響を理解し、情報モラルの必要性や情報に対する責任について考え、望ましい情報社会の創造に参画しようとする態度
　・社会生活の中で情報や情報技術が果たしている役割や及ぼしている影響の理解
　・情報モラルの必要性や情報に対する責任
　・望ましい情報社会の創造に参画しようとする態度

　また、こうした力の育成を目指して、現行の学習指導要領のもとで教育の情報化が円滑かつ確実に実施されるよう、2010（平成22）年に作成された「教育の情報化に関する手引き」[2]では、教育の情報化を「情報教育」「教科指導におけるICT活用」「校務の情報化」という3側面からとらえ、それぞれの基本的な考え方と具体的な方法が示された。本手引きでは、情報教育に関する上記の三つの観点について、小・中・高等学校の学校段階ごとに育成する内容が整理され、発達の段階に応じて体系的に情報教育を進めることの必要性が示され、具体的な指導事例が挙げられている。

（3）学習指導要領の改訂と情報活用能力

　すでに述べたように、次期学習指導要領においても、情報活用能力は「教科等を超えたすべての学習の基盤として育まれ活用される資質・能力」として重視されている。その背景と

して、将来の予測が難しい社会においては、情報や情報技術を手段として活用し、見出した情報を活用しながら他者と協働して新たな価値の創造に挑んでいくことがますます重要になってくることが指摘されている。また、情報化の急速な進展により、日常生活における営みを、情報技術を通じて行うことが当たり前の世の中となってきており、それらを手段として活用できるようにしていくことも重要であることや、スマートフォンやSNSの利用をめぐるトラブルが増大していることから、子どもたちに情報技術が急速に進化していく時代にふさわしい情報モラルを身につけていく必要があること等が挙げられている[3]。

情報活用能力とは、世の中の様々な事象を情報とその結びつきとしてとらえて、情報及び情報技術を適切かつ効果的に活用して、問題を発見・解決したり自分の考えを形成したりしていくために必要な資質・能力のことであると示されている[4]。大人のみならず、児童生徒の情報機器との関わりは今日ますます増加している。しかし「手段として活用し」という記述にもあるように、情報や情報機器の活用はそれ自体を目的化するのではなく、問題を発見し解決するための有効な情報を得る手段として位置づけられるべきである。インターネット等の活用はもとより、本や新聞等の紙媒体、あるいは自分で直接調査した結果なども含めて、問題解決に必要な情報を多面的に検討し、適切に選択・判断し、活用する力の育成が重要である。

なお、次期学習指導要領では、教科等と教育課程全体の関係、教育課程に基づく教育と資質・能力の育成の間をつなぎ、求められる資質・能力を確実に育むことができるよう、目指す資質・能力を、「知識・技能」（何を理解しているか、何ができるか）、「思考力・判断力・表現力等」（理解していること・できることをどう使うか）、「学びに向かう力・人間性等」（どのように社会・世界と関わりよりよい人生を送るか）という三つの柱でとらえることとされた。この点を踏まえて、情報活用能力を構成する資質・能力についても、上述の3観点8要素をもとに、それらの柱に沿って下記のように整理された。

○知識・技能

情報と情報技術を活用した問題の発見・解決等の方法や、情報化の進展が社会の中で果たす役割や影響、情報に関する法・制度やマナー、個人が果たす役割や責任等について、情報の科学的な理解に裏打ちされた形で理解し、情報と情報技術を適切に活用するために必要な技能を身につけていること。

○思考力・判断力・表現力等

様々な事象を情報とその結びつきの視点からとらえ、複数の情報を結びつけて新たな意味を見出す力や、問題の発見・解決等に向けて情報技術を適切かつ効果的に活用する力を身につけていること。

○学びに向かう力・人間性等

　情報や情報技術を適切かつ効果的に活用して情報社会に主体的に参画し、その発展に寄与しようとする態度等を身につけていること。

２．児童生徒の情報活用能力とメディアとの関わり

（1）情報活用能力に関する課題

　今日の児童生徒の情報活用能力には、どのような状況や課題があるだろうか。文部科学省は、児童生徒の情報活用能力育成に関する施策の展開、学習指導の改善、教育課程の検討のための基礎資料を得ることを目的として、情報活用能力調査を実施した（小・中学生対象：2013 〜 14〈平成 25 〜 26〉年、高校生対象：2015 〜 16〈平成 27 〜 28〉年）。この調査では、コンピュータを使用した情報活用能力を測定する問題調査を実施するとともに、学校、教員、児童生徒への質問紙調査が実施された。

　小・中学生を対象とした調査結果の主なポイントとして、以下のような傾向が見られたことが示されている[5]。

　　・小学生について、整理された情報を読み取ることはできるが、複数のウェブページから目的に応じて、特定の情報を見つけ出し、関連付けることに課題がある。また、情報を整理し、解釈することや受け手の状況に応じて情報発信することに課題がある。

　　・中学生について、整理された情報を読み取ることはできるが、複数のウェブページから目的に応じて、特定の情報を見つけ出し、関連付けることに課題がある。また、一覧表に示された情報を整理・解釈することはできるが、複数ウェブページの情報を整理・解釈することや、受け手の状況に応じて情報発信することに課題がある。

　また、情報社会に参画する態度の観点からは、以下のことが指摘されている。

　　・小学生については、自分に関する個人情報の保護について理解しているが、他人の写真をインターネット上に無断公表するなどの他人の情報の取扱いについての理解に課題がある。中学生については、不正請求メールの危険性への対処についての理解に課題がある。

　なお、本調査では児童生徒のキーボードによる文字入力の能力についても調査されている。たとえば1分間あたりの入力文字数の平均は小学校で5.9文字、中学校で17.4文字であり、文字入力に時間を要していることがうかがえる。小学生では、濁音・半濁音、促音の組み合わせからなる単語の入力に時間を要している傾向、中学生では、ひらがなとアルファ

ベットの入力切り替えに時間を要している傾向があると報告されている。この結果について堀田は、文字入力が思考や表現を妨げてしまっている可能性が示唆されたことを指摘している[6]。

　タイピング速度の低下の背景について、豊田はスマートフォンやタブレット端末の個人普及によって、家庭内で親子がコンピュータを共有して使う機会が減少したことや、フリック入力や音声入力などの手軽な文字入力方法が開発され、自然にタイピングをマスターする機会が少なくなっていること、「総合的な学習の時間」のカリキュラム変更により、学校で定期的にコンピュータ教室を利用する機会が減少していることを挙げている[7]。こうした状況を踏まえて、今後の学習指導において、情報機器の基礎的な操作技能を修得することも課題となっている。

　黒上・堀田・小柳は、この調査において、表面的な情報の読解については小・中学生ともにできているが、組み合わせや関連づけが要求される複雑な情報の読解についての通過率がよくないという結果が明らかになったことや、質問紙調査と問題調査の結果のクロス分析において情報の認知的な処理を促す授業と情報活用能力の正の相関が明らかになったことを踏まえ、情報教育のフォーカスについての検討が余儀なくされると述べている。そのような課題は難易度が高いということでもあるが、思考・判断・表現を伴う活動が十分に行われていない可能性も示唆され、それはアクティブラーニングという語とも関わって、今現場に求められている学習活動であることを指摘している[8]。

(2) 子どもたちの人間関係とメディアとの関わり

　一方で、子どもたちとメディアとの関係に関してどのような課題があるだろうか。今日、子どもたちと情報・情報機器との関わりはますます増加し、早い段階から自分専用のスマートフォンやタブレット等の端末を持っている子どもも増えている。

　モバイル機器の飛躍的な技術革新も相まって、昨今の子どもたちの間では、人間関係の常時接続化が急速に進み、ネット依存と呼ばれる現象が社会問題として浮上してきたことを土井は指摘している[9]。スマートフォンやSNSの利用によって常時友人等とつながることも可能になった今日、それらをめぐってトラブルが生じることもあり、情報機器の活用やそれらを介したコミュニケーションを適切に図る力の育成も課題となっている。

　現代社会の人間関係については希薄化が課題とされることがあるが、土井は、近年の選択的関与による関係においても、それぞれの局面においては、非常に密度の高いつながりが保たれていると指摘する。その関係維持のためにネット・メディアが駆使され、時間と空間の制約を超えた関係が保たれている今日の人間関係は決して希薄化などしておらず、むしろ濃

密化しているとも言えると述べている[10]。子どもたちがネットでつながっている相手の多くは、学校でのリアルな生活をともにしている相手であるという。ネット・メディアを利用することで、制度や組織といった枠組みにとらわれない関係づくりはこれまで以上に容易になっているはずであるが、人間関係の流動性を促したはずのネット・メディアの発達も、人間関係の幅を逆に狭め、価値観の共有できる相手だけと同質性を強めていくことに寄与するようになっていると指摘する[11]。

(3) つながりを求める背景

こうした状況の背景には、価値観の多様化、人間関係の流動化が進行する今日の社会における不安がある。以前のように制度的な枠組みが人間関係を強力に拘束しなくなったということは、裏を返せば制度的な枠組みが人間関係を保証してくれる基盤ではなくなり、関係が不安定になってきたことを示している[12]。客観的な評価の物差しがなく他者からの評価の重さが増す今日、子どもたちは人間関係のリスクと不安を減じていくための現実的な方法として、なるべく自分と同質的な相手と関係を築き、つながりの安定化を図ろうとしていると、土井は述べている[13]。

先に述べたように、情報活用能力調査の結果からは、複数の情報を関連づけ多面的に思考する力の育成が課題であることが明らかとなった。こうした課題に対応した学習活動の工夫を図ることは重要であるが、学習の中で自分の見方を表現したり、多様な見方を出し合ったりすることが困難な他者関係の中では、上述のような力の育成を目指す学習の充実を図ることは難しいと予測される。学習活動の工夫と同時に、子どもたちが学習対象に向き合い、疑問や感じたことを表現し、互いに検討し合える学習基盤づくりも重要であろう。

3．情報活用能力の育成と授業・カリキュラムづくり

(1) 情報活用能力の育成と授業実践

情報活用能力の育成は、小・中・高等学校の各教科等の指導を通じて行われるとともに、高等学校では情報教育の中核としての教科「情報科」が位置づけられている。ICT を効果的に活用した学習が行われるようにすることだけでなく、各教科等の学びの特性を生かしながら、児童生徒が情報・情報技術を活用するための知識・技能を身につけるとともに、問題発見・解決に向けて情報を活用する力・態度等の育成を図ることが求められる。

三浦は、「書くこと」の指導を通して情報活用能力を育む小学校国語科の単元として、本や辞典を使って、ことわざについて調べ、グループでテーマを設定して調べたことわざをまとめ、調査報告文を書くという実践を報告している[14]。本実践には、情報活用能力の育成のための多様な手立てが取り入れられている。たとえば、情報を吟味し活用するための交流の手立てがある。グループでテーマを設けて「ことわざ友人帳」を作る活動を行うことで、共通部分を見つけたり、分類したりして集めたことわざ（情報）を関連づけ、吟味することを促している。次に、文章の種類や特徴を踏まえた構成のための手立てである。報告文の基本的な構成を踏まえ、段落やまとまりごとにカードに分けて下書きすることで、文章の構成を意識し、報告文の加筆や修正等をしやすくしている。また、情報を整理・発信するための手立てとして、明確な観点をもった話し合い活動の場面の設定がある。「共通するところや特徴について話し合う」や「報告文の特徴を踏まえた書き方をしているかに着目して読み合う」など、話し合いの観点を明確化し、短冊等も活用して観点を視覚化する工夫が図られている。本実践には、情報を読み取る、吟味する、情報を活用して表現する等、情報活用能力を生かし高めるための活動が含まれているが、情報を比較したり関連づけたりして吟味することを促す観点や基本的な文章構成を提示することで、話し合いを深めることが意図されている。

(2) 情報活用能力の育成とカリキュラム・マネジメント

　次期学習指導要領には、教科等横断的な視点に立った資質・能力の育成について、「各学校においては、児童の発達の段階を考慮し、言語能力、情報活用能力（情報モラルを含む。）、問題発見・解決能力等の学習の基盤となる資質・能力を育成していくことができるよう、各教科等の特質を生かし、教科等横断的な視点から教育課程の編成を図るものとする」（『小学校学習指導要領』第1章 総則、第2 教育課程の編成）[15] と示されている。情報活用能力の育成にあたっては、各単元・各授業の工夫改善も重要であるが、児童生徒の発達段階を踏まえて、学校のカリキュラム全体でどのように育成を図るかが検討される必要がある。

　信州大学教育学部附属長野中学校では、隣接する附属長野小学校とともに「情報教育推進校（IE-School）」の指定を受け、小中の連続性を考慮した情報教育カリキュラムと教材開発、情報活用能力を各教科等の学習と関連づけて育成するためのカリキュラム・マネジメントの在り方に関する研究を進めている[16]。具体的には、次期学習指導要領で提示されている資質・能力の三つの柱に沿って、育むべき情報活用能力表を作成するとともに、それを踏まえて関連する各教科の単元を整理した。これにより、教科や単元の関連性を意識しながら授業を行うことができるようになったと述べられている。

たとえば、保健体育と理科の授業は異なる教科であるが、情報活用能力という窓口からとらえ直し、「問題を解決するための適切な情報の整理・分析」の力の育成というねらいに基づき、「問題を解決するために必要な情報を集め、その情報を整理・分析し、解決への見通しをもつ」という共通の学習過程で授業を展開した。具体的には、開脚前転の学習の中で前転技の動きについての情報を集め、グループの友人と意見交換して整理・分析して課題解決への見通しをもてるようにする展開（2年保健体育）と、電気分解で生成する物質についての情報を集め、その情報を友人とともに整理・分析することで課題を明確化し、解決への見通しをもてるようにする展開（3年理科）という連携である。

　取り組みの成果として、教科学習でつける力の視点だけでなく、「この授業ではどのような目的でICTを活用するか」といった情報活用能力育成の視点を意識して授業に取り組むことができるようになったことや、教科横断的な情報活用能力育成の取り組みを各教科で知る必要性や生徒の習熟度合いを共有する必要性が生まれ、教科間の連携が頻繁に行われるようになったことが挙げられている。教科ごとの垣根を越えて、育てたい資質・能力や生徒の学びの姿に即して、教員相互に授業の在り方が検討できることは、情報活用能力の育成という観点からのみならず有意義だと考えられる。

４．探究的な学習を通しての情報活用能力の育成

（1）総合的な学習の時間の学習過程と情報活用

　情報活用能力の意味や児童生徒の情報活用能力の課題等を踏まえると、今日の子どもたちには、自ら主体的に問題を発見・解決していく過程の中で、調べたり見つけたりした情報の意味を実感的にとらえたり、吟味したりして新たな問題の発見につなげていく学習経験が必要なのではないだろうか。

　総合的な学習の時間は、児童生徒が課題を設定し、その探究が発展的に繰り返される過程として展開され、その中心には、探究的な学習の過程が位置づいている。探究的な学習の過程について、『小学校学習指導要領解説　総合的な学習の時間編』では、①日常生活や社会に目を向けたときに湧き上がってくる疑問や関心に基づいて、自ら課題を見付け、②そこにある具体的な問題について情報を収集し、③その情報を整理・分析したり、知識や技能に結び付けたり、考えを出し合ったりしながら問題の解決に取り組み、④明らかになった考えや意見などをまとめ・表現し、そこからまた新たな課題を見付け、更なる問題の解決を始めるといった学習活動を発展的に繰り返していく一連の学習過程として示されている[17]。そこで

は、探究する課題に関する情報を適切に収集し、整理・分析し、まとめ・表現するという情報活用のプロセスが重要な意味をもつ。

以下では、小学校の総合的な学習の時間の実践事例を取り上げ、情報活用能力の育成という観点から児童の学びの実際を検討してみたい[18]。

(2) 実践の概要

取り上げるのは、古くから地域の農業用水や生活用水として利用されてきた地域の川とわき水を題材とした小学校6年生の総合的な学習の時間の実践である。学習は、（ⅰ）対象に触れる活動（川の水に触れたり、上流にあるわき水の水源地を探したりする活動）に始まり、（ⅱ）そこで出てきた関心や疑問に基づいて、グループ（わき水について調べるグループ、家庭で使用されている水について調べるグループ、配水池と地域の水道水について調べるグループ）に分かれての学習活動が展開された。各グループで調べたことを発表する中で全体の話題となったことについては、（ⅲ）学級全体での話し合いや活動が行われた。

地域を流れる川と冷たいわき水への関心から出発した学習活動は、その過程で水道局の施設を見つけ、地域の生活用水として使われていることに気づいたり、水路をたどっていくことで地域の農業用水として昔から使われてきたことがわかったりするなど、自分たちや地域の人々の暮らしと水との関わりへ広がっていった。

(3) 探究活動の展開における情報活用の実際

①情報活用による課題の明確化・共有化

上記のような学習展開において、児童が学習対象に関する情報を具体的に調べたり、それらをもとに相互に検討したりすることが大きな役割を果たしている。

たとえば、（ⅰ）の活動において川に触れた子どもたちが、「こちらから来る水の方は冷たい」と感じ、疑問に思ったことから、デジタル水温計で測って川の水温を確かめ直していった。複数の地点の水温を測り、拡大した地図上に表して視覚化を図ったところ、地点ごとの水温の違いが明確化され、上流部から冷たいわき水が流れ込んでいる場所があることに目が向けられていった。

このように子どもが直感的にとらえたことがらについて、調査を通して具体的な情報として確認することで、課題の発見・明確化につながった。またそのことは、学級の子ども同士が情報を共有し、問題関心が生まれる基盤づくりとなる。

同様に、（ⅱ）の活動においてわき水について調べたグループでは、水源地付近に流れ出

ている水が本当にわき水なのかどうかを確かめるため、気温や天候が違う日の水温を継続的に測り、それらをグラフとして表した。その結果、近くの用水路を流れる水は、気温や天候、時間帯によって水温が大きく変動するのに対し、水源地付近から流れ出る水はそれらに左右されず12〜13℃と冷たく一定であることが明らかになった。得られた情報に基づいて、子どもたちはその場所に流れる水がわき水と言ってよいだろうことを確認していった。水温に視点を当てて、気温や用水路の水温との比較を通して確かめていくことで、「この場所に流れる水が本当に地域のわき水かどうか」という子どもたちの問いに基づく探究が展開されている。

　ここで挙げた例からは、子どもの直感的な気づきや素朴な疑問をそのままにせず、学習対象に関わる事実や情報を具体的にとらえ、確かめていくことの探究的な学びにおける重要性、すなわち課題の発見・明確化と課題の共有化が示唆される。その際、比較の視点をもった情報の収集（気温の変化、他の用水路との比較）や、情報の視覚化・共有化（各地点の結果を地図に貼る、得られた情報をグラフに表すなど）が有効に働いていることが示された。

②調べたことがら相互の関連・つながりの自覚

　子どもたちは、上記のような学習を通して、家庭の水道水や地域の農業用水としての利用、またその歴史についても目を向けていった。水温の調査以外にも、自分たちの家庭の水道水がどこからどのように来ているのか、農業用水としてどこでどのように使われているのか、水の利用をめぐって昔はどのようなことがあったのかなど、家庭で使用している水調べ、浄水場・配水池の見学や聞き取り、地域の方への聞き取りなど、グループの課題に基づく多様な調べ活動を通して情報収集を行った。

　学習後の作文で、ある児童は「私は今思えば川の水とかをよく調べたりしたことがなくて、川の勉強をこんな熱心にしたら東一番やら西一番（農業用水路の呼び名）やら出だしてびっくりしました。こんなに川の勉強が意味が深いことをはじめて知りました。川はたんに流れていると思っていたけど、浄水場できれいにしたり、左水のもとがあったり、オレンジ色のふたがあったり、その東一番の管理者がいたりしたことです」（一部修正を加えた）と記載している。

　この作文からは、単元を通して学んだことがらのつながり・関連づけが行われていると考える。その一点目は、学習対象、すなわち地域の川・わき水に関わることがら相互の関連づけである。いろいろなことが「出だしてびっくり」したと書いているように、水源地、浄水場、農業用水路、それを管理している人など、川の水を熱心に調べていく学習の中で、様々なことがらや人がつながりをもったものとしてとらえられたことがうかがえる。

　二点目は、自分と学習対象とのつながりである。「川はたんに流れていると思っていたけ

ど」とあるように、学習前の段階では、児童は川が流れていることは見て知っていても、「たんに流れて」いた、つまり自分と関係あるものとしては自覚されていなかったことが推察される。自分の足で水路をたどると田んぼに行きついたり、水温を測ったり、家庭の水の利用について調べたり、水道局や地域の方にお話を聞いたりする活動を通して、川の水が自分や地域の暮らしと関わるものとしてとらえ直されたと推察される。

　多くの情報が得られることそれ自体ではなく、それらが相互に関連づけられ、また自分とつながりのあるものとして認識されることによって、自身の見方（たとえば地域の川に対する見方）が深まっていくことが重要である。そのためには、子どもの問いの連続的な発展として学習を進めるとともに、①で述べたように、学習対象に関わる事実や情報を子どもたち自身が具体的にとらえ、確かめていくことが重要であると考える。

（4）まとめと今後の課題

　本章では、情報活用能力の育成に関わる今日の動向や課題、その育成を図る授業・カリキュラムづくりの取り組みについて述べた上で、探究的な学習における情報活用の実際について事例に基づく検討を行った。情報活用能力は、教科等を超えた学習の基盤となる資質・能力として、指導の工夫・改善やカリキュラム・マネジメントなど、その育成を図る取り組みが求められている。調査から明らかになった児童生徒の情報活用能力の課題等を踏まえて、課題解決のために多面的・多角的に情報を収集し、それらを関連づけて分析し、学びを深めるための授業・指導方法の工夫について、今後具体的な事例等に基づいて検討していきたい。

註

1　中央教育審議会（2016）「幼稚園、小学校、中学校、高等学校及び特別支援学校の学習指導要領等の改善及び必要な方策等について（答申）」（平成 28 年 12 月）。

2　文部科学省（2010）「教育の情報化に関する手引き」（平成 22 年 10 月）。

3　中央教育審議会、前掲。

4　同上。

5　文部科学省 web ページ「情報活用能力調査の結果について」（http://www.mext.go.jp/a_menu/shotou/zyouhou/1356188.htm）、文部科学省生涯学習政策局情報教育課（2016）「情報活用能力調査結果の概要」（『初等教育資料』No.941）。

6　堀田龍也（2016）「初等中等教育における情報教育」（『日本教育工学会論文誌』40（3））。

7　学校と ICT web ページ、豊田充崇「再考『情報教育』」（http://www.sky-school-ict.net/shidoyoryo/151023/）。

8　黒上晴夫・堀田龍也・小柳和喜雄（2015）「情報活用能力調査と教育メディア研究」（『教育メディア研究』22（1））。

9　土井隆義（2014）『つながりを煽られる子どもたち―ネット依存といじめ問題を考える―』岩波ブックレット、p.3。

10　土井隆義（2016）「ネット・メディアと仲間関係」（秋田喜代美編『岩波講座 教育　変革への展望3 変容する子どもの関係』岩波書店、p.106）。

11　同上、pp.117-118。

12　土井（2014）、p.13。

13　土井（2016）、p.117。

14　三浦豊（2016）「国語科において情報活用能力を育てる授業の実際」（『初等教育資料』No.941）。

15　文部科学省（2017）『小学校学習指導要領』（平成29年3月）。

16　信州大学教育学部附属長野中学校（2017）「三つの柱を基にした情報活用能力を育む信州大学附属長野中学校の取組」（『中等教育資料』66（2））。

17　文部科学省（2017）『小学校学習指導要領解説　総合的な学習の時間編』（平成29年6月）。

18　本実践については、地域教材の意義という観点から、拙稿（2004）「地域教材のもつ人間形成的意味に関する一考察」（『茨城大学教育学部紀要（教育科学）』第53号）において検討した。

第7章

新学習指導要領下で求められるキャリア教育
──一人ひとりの児童生徒に向けてのキャリア・カウンセリング──

生越　達

はじめに

　キャリア教育が求められる背景として、子どもたちの資質に関わる様々な点が指摘されている。ニート[1]やフリーターと呼ばれる若者が増え、若者の勤労観や職業人としての基礎的・基本的な資質が問われるようになってきている。それどころか、以下に述べるように、PISA 調査や TIMSS 調査の結果には、日本の子どもたちの社会に向き合う消極的態度や自信のなさがはっきりと示されている[2]。また、他者とコミュニケーションがうまくとれず、人間関係がうまく築けない子どもたちや、社会的に自立できない子どもたちのことが話題になることも多い。自尊感情（自己肯定感）が低く、将来に希望をもてない子どもたち、前向きに進路を選ばず、目的をもたずに流されるように生きる子どもたちである。

　こうした子どもたちはどのようにして生まれたのだろうか。現代の子どもたちには、無気力で怠惰な生き方、親に寄生し自立しないままで生きる生き方といったイメージがつきまとう。そこからは、甘やかされて育てられたことがこうした状況を生んでいるのであって、もっと子どもたちや若者に厳しく関わるべきではないかといった考え方が生まれる。厳しさが求められるという理解の仕方は、子どもたちの「弱さ」を嫌悪し、「強い」子どもたちを育てるべきだという考え方に基づいていると考えることができるだろう。

　結論を言えば、拙論は、子どもたちが将来に希望をもてない原因が、子どもたちにではなく今日の社会にあるのではないかと考えている。現代社会の負の部分を背負ってしまった子どもたちが、低い自尊感情に苦しみ、将来に向けて目的をもてなくなってしまっているのではないだろうか。それを子どもたちのせいにするような立場は、現代社会の課題を覆い隠して、社会の問題を個人に還元するようなことになってしまうのではないだろうか。

　それでは、現代社会をどのような視点からとらえたらいいのだろうか。一つは、格差社会の到来があるだろう。非正規雇用が増加している状況では、貧しい生活を強いられる若者が増えることは避けられないわけで、子どもたちは、そのことを肌で感じて、勤勉であること

が価値のあることであるという考え方に立てなくなってしまっている。第二に、経済状況のみではなく、承認欲求の満たされにくい現代社会がある。こうした社会では自尊感情を高めることが難しくなっており、その結果、将来に向かって前向きに生きようとする気持ちが削がれてしまっている。

だからこそ、キャリア教育は、こうした社会の在り方を前提にして、その負の部分を補正する方向で行われなければならないのではないだろうか。子どもたちを甘やかされた子どもとしてとらえて厳しい教育をするのではなく、社会によって傷つけられた子どもととらえ、自尊感情を高め、社会を競争の場ではなく「つながる」場として、共同性を紡いでいく教育を行うことである。

以下においては、まずは改正された教育基本法下におけるキャリア教育の位置づけを行う。そこではキャリア教育を管理的発想でとらえていく方向性が示唆されるが、現代社会を生きる子どもたちの在り方を明らかにすることによって、管理的なキャリア教育の限界を明らかにしたい。その上で、現代社会をなぜ管理的思想が支配するようになったのかをハイデガーの思索の助けを借りて明らかにした上で、キャリア教育において何を大切にしなければならないかについて考えてみることにする。

1. キャリア教育が求められる背景

(1) 新しい教育基本法下におけるキャリア教育の位置づけ

2006（平成 18）年に改正された教育基本法は、その第 2 条で新たに教育の目標を規定している。それは、教育実践が PDCA サイクル[3] に則って確実な成果を挙げていくためには、教育の目標を定めることが必要だと考えられたからである。その第 2 条第 2 項に次のような規定がある。「個人の価値を尊重して、その能力を伸ばし、創造性を培い、自主性及び自律の精神を養うとともに、職業及び生活との関連を重視し、勤労を重んずる態度を養うこと」。キャリア教育と深く関わる条文である。ニートと呼ばれる若者が増え、非正規雇用が通常化している日本社会にとって、子どもたちをどのように職業人へと導いていくかは喫緊の課題である。

さらに、翌年新しい教育基本法に対応して、学校教育法が改正され、その第 21 条では、義務教育の目標が規定された。その第 10 項には次のような規定がある。「職業についての基礎的な知識と技能、勤労を重んずる態度及び個性に応じて将来の進路を選択する能力を養うこと」。教育基本法で規定された教育の目標におけるキャリア教育の規定に即して、学校教

育法では義務教育におけるキャリア教育の目標が定められたことになる。

　次期学習指導要領でのキャリア教育の扱いはどのようになっているのだろうか。文部科学省は、「新しい学習指導要領等が目指す姿」の中で、次のように述べている。「子供たちに社会や職業で必要となる資質・能力を育むためには、学校と社会との接続を意識し、一人一人の社会的・職業的自立に向けて必要な基盤となる能力や態度を育み、キャリア発達を促す『キャリア教育』の視点も重要である。学校教育に『外の風』、すなわち、変化する社会の動きを取り込み、世の中と結び付いた授業等を通じて子供たちにこれからの人生を前向きに考えさせることが、主体的な学びの鍵となる」。ここでは、学校が社会やその変化を取り込んで、しかもその社会における子ども自身の人生を前向きに推し進めていくような教育を求められていることが示されている。つまり、キャリア教育を考える一つのキーワードは「学校と社会の接続」なのである。

　それでは、教育基本法や学校教育法におけるキャリア教育の規定はどのような意味をもち、また「学校と社会との接続」をどのように受け止めたらいいのだろうか。

　第一に、学校教育法が、義務教育諸学校における教育目標としてキャリア教育を挙げたことのもつ意味について考えてみなければならないだろう。小学校段階からキャリア教育が明示されたことのもつ意味である。従来から、中学校においては、職場体験活動が行われていたが、小学校段階から、「勤労を重んずる態度及び将来の進路を選択する能力を養うこと」を求められることが示されたのである。また、このことは逆に言えば、キャリア教育が、必ずしも具体的な職業選択に向けての進路指導にとどまらないことを意味するだろう。自分の個性に応じて自らの職業選択ができるような、そして勤労を重んじ社会のために働くことに喜びを感じられるような子どもたちを育てることが求められる。とするならば、キャリア教育とは、生き方・在り方指導そのものと深く関係することになる。そして生き方・在り方指導は、子どもたちの個性に応じながらも、社会への意識をキーワードに実施していく必要がある。

　第二に、生き方・在り方指導が必要とされる背景について考えてみなければならないだろう。それは子どもたちに生じている大きな変化と関係する。第2節で詳しく述べるが、将来を見据えて生きるといった態度が子どもたちから失われてきているように思われる。知識基盤社会である現代社会は、これまでの社会以上に、自ら目標を立て、その目標に沿ってがんばることを子どもたちに求める。だが、現実の子どもたちは、こうした現代社会の期待する子ども像にむしろ逆行しつつあるように思われるのである。すでに第1章で述べたが、PISA調査の質問紙調査の結果がそれを示している（29、31、32ページ参照）。あるいはTIMSS調査も同様である[4]。またこれも第1章で論じたことだが、藤沢市の調査に基づく限り、日本の子どもたちはもとから学習意欲が低かったわけではなく、時代とともに大きく低

下してきていると考えざるを得ない[5]。社会を前向きに意識させることの前には高い壁が立ちはだかっているのである。そうだとすれば、「学校と社会の接続」と言っても、ただ、社会の厳しい風を学校に持ち込めばすむということではないことがわかる。ただ社会の厳しい風を持ち込むだけだとすれば、ますます子どもたちに社会からの離脱を促してしまう危険さえも存在しているのである。

　第三に、一方で、教育基本法や学校教育法でキャリア教育を規定していることから、キャリア教育、ひいては社会の中で前向きに積極的に生きることの重要性が示唆されるとしても、法律で上から規定することのもつ意味を考えてみなければならないだろう。第二の点で述べたことからわかることは、日本の現代社会が構造的に、将来を見据える生き方・在り方を困難にしているのではないかということである。だからこそ、教育基本法及び学校教育法の中で小学校段階からのキャリア教育が求められる。だが、一方では、こうした目標設定が子どもたちにとっては実現困難な課題だということが忘れられてはならない。生き方・在り方教育は、こうした社会の課題の克服と同時に進行させるべきであり、一人ひとりの子どもに寄り添いながら進められる必要がある。法律で規定されたからといって乱暴にキャリア教育を進めようとすれば、多くの子どもたちが苦しむように思われるのである。後に述べるが、筆者には、子どもたちの自尊感情を丁寧に育てることを基盤にした生き方・在り方指導が必要なように思われる。

(2) 進路指導からキャリア教育への転換のもつ意味──答申から見るキャリア教育

　1999（平成11）年に出された「初等中等教育と高等教育との接続の改善について（答申）」で、はじめて公的文書においてキャリア教育という言葉が用いられた。そこでは、「キャリア教育（望ましい職業観・勤労観及び職業に関する知識や技能を身に付けさせるとともに、自己の個性を理解し、主体的に進路を選択する能力・態度を育てる教育）を小学校段階から発達段階に応じて実施する必要がある」ということが提示された。この段階では、キャリア教育は、それまで用いられていた進路指導と同じような意味で使われ、ただ小学校段階から必要であるという点が新しく提示されたということになる。

　2002（平成14）年には国立教育政策研究所学習指導研究センターから「児童生徒の職業観・勤労観を育む教育の推進について」が出され、キャリア教育において育むべき能力として、「人間関係形成能力」「将来設計能力」「情報活用能力」「意思決定能力」の四つの能力が提示された。

　教育基本法が改正された2006（平成18）年には、文部科学省から「キャリア教育推進の手引き」が出される。そこでは、子どもたちに生じている意欲の低下が取り上げられ、こうし

た状況への対応としてキャリア教育の推進が必要だとされている。さらに 2008（平成 20）年中央教育審議会（以下、中教審）答申「幼稚園、小学校、中学校、高等学校及び特別支援学校の学習指導要領等の改善について」では、「将来子どもたちが直面するであろう様々な課題に柔軟にかつたくましく対応し、社会人・職業人として自立していくためには、子どもたち一人一人の勤労観・職業観を育てるキャリア教育を充実する必要がある」と述べられている。子どもたちは社会の様々な課題に「柔軟にたくましく」対応できる資質・能力を身につける必要があることが示された。

さらに、2011（平成 23）年中教審答申「今後の学校におけるキャリア教育・職業教育の在り方について」では、キャリア教育は、「一人一人の社会的・職業的自立に向け、必要な基盤となる能力や態度を育てることを通して、キャリア発達を促す教育」と定義され、「幼児期の教育から高等教育まで、発達の段階に応じ体系的に実施」すること、「様々な教育活動を通じ、基礎的・汎用的能力を中心に育成」することが主張された。ここで規定された「基礎的・汎用的能力」とは、「人間関係形成能力」「自己理解・自己管理能力」「課題対応能力」「キャリアプランニング能力」である。

また答申では、社会における「役割」の重要性が指摘され、「人は、このように自分の役割を果たして活動すること、つまり『働くこと』を通して、人や社会にかかわることになり、そのかかわり方の違いが『自分らしい生き方』となっていくものである」と述べられている。そしてキャリア発達を促すためには、「外部から組織的・体系的な働きかけが不可欠であり、学校教育では、社会人・職業人として自立していくために必要な基盤となる能力や態度を育成することを通じて、一人一人の発達を促していくことが必要である」と述べられている。

さらに答申では、学校が実施すべき具体的な方策について述べている。第一は、「子どもの発達の段階に応じた課題や、それぞれの地域や学校の実態等を踏まえ、キャリア教育の指導計画を作成すること」である。また、第二に、「キャリア教育は、学校教育を構成していくための理念と方向性を示す教育であり、そのねらいを実現させるためには、関連する様々な取組が各学校の教育課程に適切に位置づけられ、計画性と体系性をもって展開されることが必要」であり、教育活動全体を通じて取り組むものであるということである。

様々な連携が重視されているのも、この答申の特徴である。「キャリア教育を十分に展開するためには、学校が家庭や地域・社会、企業、経済団体・職能団体や労働組合等の関係機関、NPO 等と連携することが不可欠である」。

答申から明らかになるのは、求められている力は、「基礎的・汎用的能力」によって示されているように、現代社会を強くたくましく、しかも他者と協調しつつ、さらには計画的に生き抜いていく力であり、教育課程全体を通じて、さらには外部との関係を大切にすること

あるいは相互性という視点からとらえれば、子どもたちを社会の中で役に立つ存在にしたいのならば、そうした有用性を子どもたちに求める前に、まずは求める側が、子どもたちの存在の声を丁寧に聴き取り、承認欲求を満たす必要があるということである。「役に立ちたい」という気持ちは子どもたちに内在している。「役に立ちたい」という思いの裏には、他者とつながりたいという思いが隠されている。だが、つねにそれが表面化するとは限らないのである。承認されることが鍵刺激となって、内面に存在していた社会とのつながりが顕在化し、「役に立ちたい」という気持ちが表面に出てくるのである。

彼女が私たちに教えてくれていることを、キャリア教育という視点から整理してみよう。

キャリア教育は、狭義の進路指導や職業教育よりもずっと広い概念である。小学校段階から発達段階に応じてと言われていることからもわかるように、生き方・在り方教育なのである。そして知識基盤社会と呼ばれる現代社会においては、「基礎的・汎用的能力」として示されているように、答えの出ない課題に対して協同的・積極的に向き合っていくような能力が求められる。ますますキャリア教育が重要な意味をもってきているのである。だが、すでに述べたように、子どもたちは、現実には、そうした社会の要求に比して、むしろ社会に参加する意欲を失いつつあるように思われる。

そこで彼女が教えてくれるのは、現代社会における承認することの欠如であり、承認が満たされることによってようやく健全な仕方で社会の役に立ちたいという気持ちが拓かれてくるのではないかという仮説である。社会の役に立つことを早急に求めることは、むしろ子どもたちの承認欲求をつぶすことになり、社会の役に立ちたいという子どもたちに内在する思いを殺してしまう危険性がある。

（2）現代社会を支配する技術主義とキャリア形成の両義性

ここでは、ハイデガーの思索の助けを借りながら、現代社会を支配する技術主義について明らかにし、社会の側からキャリア形成の在り方について考えてみたい。先に結論を述べると、人間を人材ととらえることは、一人ひとりの人間の固有性を喪失させてしまう危険を有しているのであり、人材養成が人材の固有性を喪失させてしまうという両義性をキャリア教育は十分意識する必要があるのではないかということである。以下、具体的に、現代社会を技術社会ととらえるハイデガーの思索を読み解きながら、考えてみよう。

最初に、現代社会の特徴を技術社会という視点から明らかにしたい。まず、技術社会において、人間存在がどのような役割を果たしているかを明らかにし、人間存在が技術社会においてその固有性を奪われていることを示したい。その上で、今キャリア教育を行う際に注意すべきこと、さらにはどのような体験が求められ、私たち大人はどのような関わりをしたら

いいのかについて考えてみたい。

①技術社会としての現代社会

　ハイデガーは言う。「近代技術のうちを支配している発露は、一つの挑発であり、それとして搬出され貯蔵されうるようなエネルギーを供給するよう自然に対して理不尽な要求を突きつけるものである」[6]。ハイデガーは、近代技術を「挑発（Herausfordern）」としてとらえているのである。それでは、「挑発」とは何を意味するのであろうか。ハイデガーは、「エネルギーを供給するよう自然に対して理不尽な要求を突きつけるもの」ととらえる。その意味するところは、そのもののもつ本質から始まるのではなく、目的が先に存在し、その目的に自らの存在を適合させるように突きつけられるということである。

　人間の役割に焦点を当てて考えてみよう。ハイデガーは一つの例として農夫を挙げている。農夫は大地を耕作する。だが、その際、農夫はけっして「挑発する」という仕方で大地を耕すわけではない。いつも農夫は、蒔く種の成長力に育ちを委ね、また大地の種を育む力に成長を委ねるのである。そこでは、種や大地の本質を見極め、大切にすることが農夫の仕事である。

　一方、ハイデガーは、今日（といっても、1950年頃のことである）の農業を次のように論じている。「農地の耕作さえも、自然を立たせる（stellen）というまったく別種の仕立ての渦の中に巻き込まれてしまった。それは、挑発という意味において自然を立たせる（stellen）。農業は、今日では、機械化された食品工業である」[7]。すべてのものが食品生産という目標に向けての材料として集められていく。その際には、個々の自然の本質は度外視され、すべては目標を達成するための材料となっていくのである。ハイデガーは、こうした働きを「立てる（stellen）」と名づけている。それぞれの自然の本質は眼差されることはなくなり、目標達成への貢献可能性の方から、それぞれの自然は把握されていく。これまでは自然の本質への見極めとその本質の尊重から始まり、その本質がどのように生かされ得るのか、どうしたらその本質がさらに煌めき、ある成果が生まれるのかという思考の仕方がとられたものが、思考の順序が逆になり、目標＝成果が先に決定され、その目標のために自然はどのように利用され得るのかということが探究されることになる。本質よりも目標が重視されるのである。つまり目標に照らして「役に立つ」かどうかが重要で、どうしたら「役に立つ」度合いを向上させられるかが問われるのである。

　このように技術社会においては、思考の方向性が逆転する。存在の固有性は大切にされず、目標に合わせて、役立つ存在として無理やり引き出されてしまう。ハイデガーは、このように「立たせる（stellen）」ことへ方向づけられたものを「在庫品（Bestand）」と名づけている。

ハイデガーによれば、技術社会、すなわち現代社会においては、それぞれのもののもつ本質は軽視され、目標達成のための材料としてどれだけ有能なのか、つまりは「役に立つ」のかという視点でとらえられることになる。

②人間存在のもつ意味

それでは、このような技術社会において、人間存在はどのように位置づけられるのであろうか。ハイデガーは言う。「仕立ての発露が生起するのは、人間自身が自然エネルギーを開発するよう既に挑発されている限りにおいてである。人間がこのように挑発され仕立てられているのであれば、自然よりもさらに根源的に在庫に属しているのは人間ではないだろうか。人的資源（Menschenmaterial）とか病院の臨床例といった流行語は、その例証である」[8]。

つまり、技術社会においては、人間は最たる人的資源なのであり、つまりは最も重要な「在庫品」なのである。技術社会においては、人間はその固有性で理解されるのではなく、技術社会の成功に向けての在庫品として、どれだけ目標達成に貢献できるかという視点でとらえられることになる。つまり、人間は技術社会化する現代社会において、どれだけ「役に立つか」でとらえられることになるのである。まさに私たちが、自らの存在を「自己有用感」、あるいは「自己効力感」によってとらえようとしていることは、技術社会の影響を受けてのことなのである[9]。こうした社会では、「自己有用感」を感じられない人たちは、自分の存在を否定的にとらえざるを得ないということにもなるだろう。子どもたちから「どうせ僕なんか」とか、「死んでもかまわない」「死にたい」という言葉を聞くことが多くなったのも、社会の変化と大きく関わっている可能性がある。

これまでの検討を踏まえてキャリア教育について考えてみると、どのようなことが言えるだろうか。キャリア教育が、子どもたちを「役に立つ」存在にすることを急げば、ますます「どうせ僕なんか」というような子どもを増やすことにはならないだろうか。あるいは、はたして目指すべき社会は、みんなが人的資源として技術社会たる現代社会の目標に向かって挑発される社会なのだろうか。こうした問いが生じてくるのである。むしろ私たちの求めるキャリア教育が、「個性に応じて」ということを大切にするならば、子どもたちを目標のための人的資源に押し込めないという視点をもつことが必要にも思われてくる。以下においては、もう少しハイデガーの思索の力を借りて、人的資源に押し込めないということの意味を考えてみよう。

③呼び求められた存在としての人間

ハイデガーは、人間が人間資源となってしまった社会の危険を二つ述べている。

一つは、すでに述べてきたように人間が在庫品になってしまうことである。ハイデガーは

言う。「人間が在庫の仕立屋となるやいなや、人間は断崖の瀬戸際を、すなわち、人間自体がもはや単に在庫としてしか受け取られる以外に径もない瀬戸際を歩むのである」[10]。

第二の危険は、「にもかかわらず、まぎれもなく危険に脅かされている人間が、地上の主人であるかのように傲然と構えている」[11] ことである。私たちは、上記のようなことが現代社会において生じていることに気づかず、自らが、その本質から引き離された弱き存在であることが隠れてしまい、世界の主人だと勘違いしてしまっているのである。だが、真実は、人間は、技術社会に向けて呼び集められた存在にすぎないのである。

とするならば、キャリア教育においては、まず人間存在の本質への気づきをもつことが大切なはずである。それは、目標のための「役に立つ者」、すなわち「在庫品」ではなく、自らの存在そのものの価値へと眼差しを向け返すことを求められるということを意味するだろう。私たちの感情に目を向ければ、「自己効力感」に頼らない「自尊感情」をどのように育んでいくかと言い換えることができるかもしれない。以下においては、子どもの存在に焦点を当てながら、自尊感情の問題を考えてみたい。

そこで大切なことは、私たちが個的存在であることが重要なのではない、ということである。私たちは、けっして地上の主人公ではないのであって、むしろ呼び求められた存在なのである。つまり、他者や世界との「つながり」の中に私たちの存在はあるのであり、そのことを見つめ直すことができたときに、私たちは自らの本質を生きることが可能になるのである。以下においては、その点を具体的な生き方・在り方教育の方法を探りながら考えてみたい。

3．子どもたちの閉塞状況を乗り越えるキャリア教育
——キャリア・カウンセリングという発想

これまでの考察の中で、進路指導を単なる職業教育にとどめていては効果がないのではないかということがわかった。自尊感情が低下した子どもたちに、いくら直接的な進路指導をしたとしても、彼らの職業への意欲を育むことには限界がある。進路指導の基盤として自尊感情を育てることが求められているのである。また、ハイデガーの思索からは、そうした子どもたちの実態が、進みゆく技術社会と深く関わっていることが明らかになってきた。つまり、自尊感情を育むと言っても、技術社会においては、ことはそう簡単ではない。子どもたちの閉塞状況は現代社会と深く関わっているのである。だからこそ、生き方・在り方教育としてのキャリア教育という発想が重要となってくる。

キャリア教育は、一言でいえば、生き方・在り方教育であり、幼児教育から大学院教育まで一貫して行われるものであり、職場体験会やインターンシップといった特定の場面を通し

第7章　新学習指導要領下で求められるキャリア教育　　121

た教育を含みつつも、すべての教育課程を通して行われる教育である。なぜならキャリア教育は、子どもたちの存在そのものへの教育だからである。したがって、キャリア教育においては、教育そのものをどのようにとらえるかということが問われているのである。本節では、個別のキャリア教育についてではなく、キャリア教育はいったい何を大切にして、どのような方向に向かっていくべきなのかについて考えてみたい。

（1）自尊感情を育むこと

　まず求められるのは、子どもの自尊感情を育むことである。その場合、すでに論じてきたことより、ほめることによって「自己効力感」を高めるのではなく、役割等に規定されない意味での自尊感情を育むことを求められるだろう。こうしたことは幼児期の教育の課題であるとも言える。

　たとえば次のような例を考えてみよう。ようやくよちよちと歩けるようになった子どもが転んでしまったとする。そのとき母親が、「あ、イタっ」と声を上げる。子どもと一体的な関係を生きる母親にとっては、子どもの痛みは自らの痛みである。こうした出来事の中で、子どもはどのような力を育むのだろうか。もちろん、自分の体験が「痛い」という言葉で表現できるのだということを学ぶことができるだろう。言葉はもともとこのように分かち合う経験のもとで学ばれるものである。だが、さらに重要なのは、自分が母親と一体的な存在として受け止められているということを確認できることであろう。自分の存在の価値を、母親の言うことを聞くとか、勉強ができるかといった条件つきで認められるのではなく、無条件に認めてもらうという意味をこの経験はもっているからである。自尊感情が育つ出発点はこのような無条件の受容によってである。

　もう一つ別の事例を挙げてみよう。まだ言葉の出ない子どもがひらひらと飛んでいるアゲハチョウを見つけて、その経験を母親と共有しようとして、一生懸命に指を差して母親の関心をそちらに向けようとする。いわゆる指差しである。母親は、にっこりと笑って、そちらの方向を見て、「ああ、チョウチョが飛んでいるね」と言葉を返す。こうした経験もチョウという言葉を覚える経験であることを超えて、母親と同じ世界を「ともに生きる」という意味をもっている。まさに指差しは学びの原点なのである。このような他者と「ともに生きる」経験が自尊感情を育んでくれる。自尊感情は無条件の受容やともに生きることによって育まれるものなのである。

　もう少し、広い視野から考えてみよう。このような経験を教育の中で準備するとしたらどのようなことが考えられるだろうか。第一には、子どもの話をよく「聴くこと」である。「聴くこと」は、子どもと時間を共有することであり、ともに過ごす者が、その子どものた

めに時間を費やすことである。したがって、やはり一人ひとりの子どもの話を丁寧に聴くことは、教育にとって重要な意味をもっていることになるだろう。いつも目立って教師の関心を引く子どもたちばかりでなく、おとなしく目立たない子どもたちの声をも聴き取ることが必要である。なぜなら、アドラー心理学で言われるように、所属の欲求ということは人間にとって非常に強い欲求であり、この欲求が満たされることは社会的動物である人間にとってもっとも重要だとも考えられるからである。その意味では、子どもたちの目を見るということも子どもを承認することに強く関わる[12]。

　また、学級経営がキャリア形成にとって重要な意味をもつということにもなるだろう。学級を聴き合いの場とすることで、子どもたちは社会を生き抜く自信を育むことができる。教師が一人ひとりの子どもの話を聴くこと、さらには言葉として表現されることを超えて子どもたちの存在の声を聴き取ることを通して、子どもたちは社会の一員として承認されていることを感じ、そして社会との関係を大切にしようと考えるようになる。子どもたちの価値づけ（どのような子どもがいい子で、どのような子どもが悪い子か）を通して学級を安定した集団にするのではなく、価値づけを超えたところで一人ひとりの子どもの存在を大切にできる学級づくりを行うことである。

　第二に求められることは、外側から学習内容を押しつけるのではなく、子どもの内側から引き出すことを大切にすることである。なぜなら、内側から引き出されるということは、子どもたち一人ひとりの存在が尊重されることを意味するからである。Education という言葉の意味するとおり、教育の出発点は「引き出すこと」なのである。上記に「存在の声を聴く」ということを述べたが、子どもの内面にあるものを引き出すことは、まさに「存在の声を聴く」ことでもある。日々の授業の経験が、子どもたちのキャリア形成に関係しているのである。

　「聴くこと」「引き出すこと」の二つの点を尊重する限り、「ほめる教育」から「聴く教育」への転換が必要だという結論が導かれる。「ほめる教育」においても、社会との関係を意識させることになるだろうが、ほめる基準はどうしても教師の側に存在する。「役に立つ」存在であるから、ほめられるのである。子どもには、交流分析等で言われるようにadapted child という側面がある。子どもたちをほめて育てようとすると、子どもたちはほめられたくて自分のしたくもないことをし始める危険性をもっているのである。このことは、教育が子どもの内面にあるものを「引き出す」ことを大切にすべきであるという考え方と矛盾することになる。

　一方、「聴くこと」においては、まさに子どもの存在そのものが承認される。「子どもの存在の声」を聴き取ることは、まさに子どもの内側を引き出し、社会の中に位置づけることなのである。そして存在の声が主体性をもち、前向きの方向性をもったものになるには、子ど

もの存在の声を聴くという環境整備が必要なのである。よく言われることだが、存在の声を聴くことは子どもという種が育つための太陽や水のようなものである。だが、すでに技術社会について述べたように、現代社会は、種そのものに強制的に変化を与えようとする傾向をもっている。だからこそ、教育においては、よりいっそう子どもの存在の本質を尊重することが大切な意味をもつのである。

　そのためには、教師は、子どもたちの行動の結果ではなく、プロセスを見取ることが求められるだろう。そして教師に聴き取る姿勢があるならば、子どもたちの行動のプロセスで見えてくることは、子どもの存在そのものの豊かさであるはずである。常識的に見れば、問題のある行動においても、そこには豊かな意味が隠されているのである。先に挙げた援助交際の例においても、常識的に見ればとんでもないことをする少女だが、そこには他者とつながりたい、他者の役に立ちたいという健気な思いが隠されていた。

　また、子どもたちの「存在の声を聴く」限り、他の子どもたちと比較するのではなく、その子そのものを丁寧に見取っていくことが求められることにもなるだろう。子どもを見る眼差しは、比較の眼差しではなく、子どもたち一人ひとりの存在を聴き取ることへ向けられるべきである。

　何か理想の子ども像があって、その像と現実の自分との差異を見つめさせることが必要なこともあるかもしれない。しかし、そうしたことばかりが眼差され、つねに現実の自分が否定されることになってしまえば、ナイーブな子どもたちは、みな自己否定に陥らざるを得ない。道徳の授業で、偉人を扱うこともいいだろう。身近なスポーツ選手を取り上げて、目指すべき人間像を示すことがあってもいいかもしれない。現代社会は目標をもつことを求められる社会である。その意味でも、目標となる人物像を子ども時代に描けることがキャリア形成にとって重要な意味をもつことも確かだろう。だが、それ以前に大切にされなければならないのは、自らの存在が承認されることなのである。

(2) 他者とのつながりを紡いでいくこと

　もう一つ大切なことは、他者とのつながりを紡いでいくことである。この点についても現代社会は困難を抱えている。格差社会・消費社会といった状況は、人々を切り離し、孤立させる傾向をもっているからである。

　そのためには、まずは教師がモデルとなることが求められる。子どもたちがつながりを感じられるのは、道徳の時間で大切な価値を教えられることによってではなく、まずは人と人とのつながりの中で「つながりが大切なんだ」という経験を積むことによってだからである。だからこそ、間違えると道徳の研究指定校で生徒が荒れるということが生じる。道徳に

関する研究が進んでも、もしその学校が実際には人と人とのつながりを大切にできないでいるとするならば、研究が進めば進むほど、言葉＝教育は無力であること、つながりは成り立たないことを教えていることになるからである。

時折、子どもたちは嫌いな教師の話をしてくれるが、そこにもつながりの大切さが示されている。それは、子どもたちの嫌いな教師は、えこひいきをする教師であり、言っていることとやっていることが食い違っている教師だからである。どちらの教師もつながりを断ち切る教師である。そして子どもたちにとって重要なのが、言葉ではなく行動であることがわかる。

そう考えると、キャリア教育で重要なのは、教師が子どもたちを支配する関係から抜け出して、子どもたちのよさを引き出すような共感的な関係を築くことであるように思われる。林竹二が教育において「生命への畏敬」が大切だと言っている意味も同じことであろう。同じ対等な人間として尊重されることによって、生きる力が生まれてくる。子どもを管理・支配するような教育から前向きな子どもは育っていかない。

そのためには、教師が、指導すべき存在としての教師としてではなく、一人の人間として、私メッセージで語ることもいいかもしれない。「お前は～だ」ではなく、「私は～してほしいけれども」「私は～だと思うけれども」と語るのである。

(3) キャリア・カウンセリングという発想のもつ意味

キャリア教育において、キャリア・ガイダンスとキャリア・カウンセリングは一体のものである。キャリア教育は、すでに繰り返し述べてきたように、単なる職業教育ではなく、生き方・在り方教育であり、したがって、一人ひとりの子どもに寄り添った教育が求められる。これまで述べてきたことは、教育基本法や学校教育法がこれからの社会を支える人間のあるべき姿から、つまり目標から、キャリア教育を設計しているにしても、やはり一人ひとりに寄り添ったキャリア教育ということが重要だということである。つまりキャリア・カウンセリングといった個に対する働きかけが重要な意味をもっているのである。全体に対するキャリア・ガイダンスと個に対するキャリア・カウンセリングが一体となってキャリア教育は成立する。

この場合のカウンセリングは、開発的カウンセリングである。カウンセリングを通して過去の経験を消化していくのではなく、自らの生き方・在り方を将来に向けて形成していくこと、職業選択へとつなげていくことがキャリア・カウンセリングの目的である。これまでの考察で、キャリア教育には、安心感＝信頼感の形成とつながりの形成が必要だということがわかる。

拙論では、キャリア・カウンセリングの具体的な展開について述べることはできないが、子ども一人ひとりに対応するキャリア・カウンセリングという発想が重要だということから出発する必要があるということは明らかになった。その際の出発点としてすでに述べてきたことだが、二つの点について述べておきたい。

　一つは、学校という一つの社会が安心感・信頼感を与える世界として子どもたちを包み込み、その中で自尊感情を育むことが必要だということである。自尊感情が高くなって、はじめて子どもたちは将来に向けて動き出すことができる。その意味で、「学校と社会の接続」ということは学校を外の社会と同じような社会にしていくという意味ではなく、現代社会の状況をよく理解して、学校がその社会に出ていく子どもたちに対してどのような関わりをもったらいいのかということを考えていくという意味でとらえるべきである。

　もう一つは、第一の点と深く関わることだが、他者とのつながりを形成することによって、社会の中に生きる自分を意識化することが可能になり、社会に対してポジティブに関わろうとする気持ちが育っていくということである。そして、そのためには、言葉による教育のみでは不十分で、モデルとしての教師の役割が大切である。

　つまり、キャリア・カウンセリングの本質にあるのは、子ども一人ひとりに寄り添い、自尊感情を高めつつ、教師がモデルとして人間としての生き方・在り方を示していくことなのである。

おわりに

　これからの教育にとってキャリア教育は、その内容によってだけではなく、教育の向かうべき視点を与えてくれるという点からも重要である。ただし、拙論で明らかになったことは、キャリア教育は、ひとまずは現代社会における有用性、あるいは育てるべき人材像から距離をとって、子どもの存在そのものに目を向け、彼らの存在そのものを受容することが必要なのではないかということであった。目的が先にあるのではなく、子どもの存在が先にあるのである。そのことを忘れたキャリア教育は、子どもをさらに苦しい状況に追いやる危険性があるだろう。

註

1　ニートは、もともとは、イギリスにおいて使われた言葉であり、Not in Education, Employment or Training の頭文字をとったものである。日本では 2004 年に玄田有史・曲沼美恵の著書ではじめて用い

られた。

2 PISA 調査は OECD（経済協力開発機構）が実施する学習到達度調査で、義務教育終了段階（15 歳）において、それまでに身につけてきた知識や技能を、実生活の課題にどの程度活用できるかを測るものである。読解力、数学的リテラシー、科学的リテラシーの 3 分野からなる。TIMSS 調査は国際教育到達度評価学会（IEA）が実施する数学及び理科の到達度を測る調査で、日本では小学校 4 年生及び中学校 2 年生で実施している。また、両調査とも、児童生徒に対する質問紙調査を含んでいる。

3 業務管理の手法。Plan（計画）→ Do（実行）→ Check（評価）→ Action（改善）を進めていき、業務の継続的改善を果たすこと。

4 TIMSS 調査でも、PISA 調査と同様に、2011 年、2015 年と日本人の成績は上昇し、順位は上がってきている。ただし質問紙調査の結果（楽しいか、得意か、役に立つか、職業に必要か）については、差は縮まってきているものの、国際的な平均を大きく下回っている。

5 ただし、ここ数年は、教師の努力の成果だろうか、PISA 調査、TIMSS 調査、藤沢市の調査、どの調査をとっても、少し上向きになってきている。

6 Martin Heidegger. (1962) *Technik und die Kehre*, Stuttgart, S.14.

7 *ebenda*, S.15.

8 *ebenda*, S.18.

9 こうした社会においては、生産活動に役に立たなくなった老人が軽視されるといったことにもなるだろう。

10 Heidegger. *op. cit.*, S.26.

11 *ebenda*, S.26.

12 たとえば次のような例も、人間にとっての承認の重要性を示しているように思われる。それは、他の類人猿に比べて白目がはっきりしていることである。どこを見ているのかがわかってしまうことは、他の動物との関係においては不利な条件となるが、たとえば親子間等で見つめ合うという点からすると、白目があることは有利に働く。つまり人間は見つめ合う存在だと言うこともできるように思う。

第8章

特 別 活 動
―クラブ活動におけるプログラミング教育の実践試案―

小林祐紀

はじめに

　2017（平成 29）年 3 月に公示された『小学校学習指導要領』（文部科学省 2017a）において、特別活動の目標は以下のように示されている。

　　集団や社会の形成者としての見方・考え方を働かせ，様々な集団活動に自主的，実践的に取り組み，互いのよさや可能性を発揮しながら集団や自己の生活上の課題を解決することを通して，次のとおり資質・能力を育成することを目指す。
　　(1) 多様な他者と協働する様々な集団活動の意義や活動を行う上で必要となることについて理解し、行動の仕方を身に付けるようにする。
　　(2) 集団や自己の生活、人間関係の課題を見いだし、解決するために話し合い、合意形成を図ったり、意思決定したりすることができるようにする。
　　(3) 自主的、実践的な集団活動を通して身に付けたことを生かして、集団や社会における生活及び人間関係をよりよく形成するとともに、自己の生き方についての考えを深め、自己実現を図ろうとする態度を養う。

　なお、上記の特別活動の目標は、学級活動、児童会活動、クラブ活動及び学校行事の四つの内容の目標を総括する目標であることも示されている。
　また、本章で中心的に扱うクラブ活動においては、上記に述べた特別活動の目標と関連づけながら、「異年齢の児童同士で協力し，共通の興味・感心を追求する集団活動の計画を立てて運営することに自主的，実践的に取り組むことを通して，個性の伸長を図りながら、第 1 の目標に掲げる資質・能力を育成することを目指す」と示されている。
　本章では、『小学校学習指導要領』（文部科学省 2017a）において示された小学校プログラミング教育と関連づけながら、クラブ活動の取り組みについて試案を提出する。小学校プログ

ラミング教育は現在、自治体によってはモデル校等を設置し取り組み始めた段階である。特別活動におけるプログラミング教育の実施については、「小学校段階におけるプログラミング教育の在り方について（議論の取りまとめ）」における「4. 小学校教育におけるプログラミング教育の在り方」の「(2) 各小学校の実状を踏まえた柔軟で学習成果のある教育内容の具体的な在り方」として、特別活動の例が以下のように示されている（文部科学省 2016）。

・子供たちが自分の興味・関心に応じて活動を選択し自主的・実践的な活動を行うクラブ活動において、例えば、既存のクラブ活動にプログラミングを体験する学習を取り入れたり、子供の姿や学校・地域の実情等に応じて、プログラミングに関するクラブ活動を運営・実施できるようにしたりしていくことなどが考えられる。
・実施に当たっては、プログラミングを体験することが、特別活動の学びの本質である自発的・自治的な活動として適切に位置付けられるようにするとともに、子供一人一人に自己実現を図る学びが実現し、一層充実するものとなるように十分配慮することが必要である。

　このような現状を踏まえ、クラブ活動においての取り組み事例が報告され始めている。たとえば、長谷川春夫（2017）は、プログラミングを取り入れたクラブ活動の進め方として、基本的なプログラミンを理解するための教師による一斉指導、児童の自由な発想によるプログラミング、学年差やスキルの差を埋めるための問題の用意を挙げている。今後クラブ活動におけるプログラミング教育の取り組みは増加していくと考えられる。本章で紹介する試案がその際に役立てば幸いである。

１．小学校プログラミング教育

　2020 年度から全面実施される『小学校学習指導要領』のキーワードの一つとして、プログラミング教育が挙げられる。このことは、小学校段階からプログラミング教育が必修化されることを意味している。2017 年 3 月に示された『小学校学習指導要領解説』（文部科学省 2017b）を読み解くと、以下のように示されている。

　　小学校段階において学習活動としてプログラミングに取り組むねらいは，プログラミング言語を覚えたり，プログラミングの技能を習得したりといったことではなく，論理的思考力を育むとともに，プログラムの働きやよさ，情報社会がコンピュータをはじめ

とする情報技術によって支えられていることなどに気付き，身近な問題の解決に主体的に取り組む態度やコンピュータ等を上手に活用してよりよい社会を築いていこうとする態度などを育むこと，さらに，教科等で学ぶ知識及び技能等をより確実に身に付けさせることにある。

　上記から、コードを書き、技能を高めることは目的ではないことが読み取れ、さらにプログラミング教育の目的は、「プログラミング的思考」と呼ばれる論理的思考を育むことに加え、様々な資質・能力に関する事項が示されていることが読み取れる。ここで述べられているプログラミング的思考とは、プログラミングの考え方に基づいた論理的思考と言え、プログラミング的思考は「関連づける」「比較する」「類推する」などの数多い論理的思考の一部を構成するものだと考えられる。より具体的には、プログラミングの基本とされる「順序」「反復」「分岐」などの考え方だと言える（小林・兼宗 2017）。小学生がプログラミングを体験できる教材は、すでに数多く販売もしくは無料で提供されており（詳細は後述）、クラブ活動においてもどのような教材を使用するのか選定する作業が求められる。

２．小学校プログラミング教育に利用できる教材例

　本節では、実際のプログラミングを取り入れたクラブ活動で使用できる教材を紹介する。Web を活用した学習サービスにおいては、昨今の公立小学校の事情を踏まえて、無料のものを紹介する。ロボティクス教材についても、なるべく安価であり、学校予算で購入できるものを紹介するように心がけた。事前に、クラブ活動を担当する教員が主体となり、多くを試し、児童の実態、学校事情を考慮して、どの教材を採用するのか検討することが望まれる。Web を活用した学習サービスでは、プログラミングの体験をすべてコンピュータやタブレット端末上で行えることが特徴である。一方、ロボティクス教材は、電子工作のように、実際に部品やブロック等を組み立て、組み立てた物体を操作することでプログラミングを学べることが特徴である。

（1）無料で利用できる Web を活用した学習サービス

○ Hour of Code（https://hourofcode.com）
　Hour of Code は、Code.org という非営利団体により運営されている Web サイト上の学習サービスである。公式 Web サイトによると 180 カ国以上の人々が参加している世界的に

有名な学習サービスであり、その名のとおり「1時間でプログラミングを学ぼう」というコンセプトでつくられている。児童に人気の「アナと雪の女王」「スター・ウォーズ」「マインクラフト」等の有名なコンテンツを使ってプログラミングを学ぶことができる。より発展的なコースも用意されていて、無料で利用できる Web を活用した学習サービスとしては完成度が高い。また、コンピュータだけではなくタブレット端末からもアクセスし使用することができる。

○プログラミン（http://www.mext.go.jp/programin/）

　プログラミンは、文部科学省が児童向けに開発した Web サイト上の学習サービスである。MIT メディアラボが開発したビジュアルプログラミング言語である Scratch（スクラッチ）を参考にして開発されており、わかりやすくネーミングされた命令（たとえば、左に動く命令は「ヒダリン」等と命名されている）を組み合わせて動きを表現していく。Hour of Code と同様に Web を活用した学習サービスである。またログインモードがあるため、学校で作成したプログラムは、自宅等で継続して取り組むことができる。また、完成した作品は専用の URL が付され、Web 上に公開することができる。完成作品を見合う等の取り組みを容易に行うことができる。

○ Swift Playgrounds（https://www.apple.com/jp/swift/playgrounds/）

　Swift Playgrounds は Apple が提供する無料のプログラミング学習のためのアプリケーションである。Swift というプログラミング言語の基本をマスターできるような設計になっている。Swift は iPad や iPhone 向けのアプリケーション開発に使用される言語であり、Swift Playgrounds においても iPad 上で動作する。Hour of Code やプログラミンよりも高度かつ自由度の高い学習を体験できる。とはいえ、はじめの段階（「コードを学ぼう」というレッスン）では「Byte（バイト）」と呼ばれるキャラクターを動かすことでステージのクリアを目指すといったゲーム感覚で取り組むことができる。

(2) ロボティクス教材

○レゴ WeDo2.0（http://www.legoedu.jp/wedo2/）

　レゴ WeDo2.0 はレゴが提供するロボティクス教材である。組み立てる、プログラムする、動かす（試す）といった一連の学習を楽しく体験できるように設計されている。ブロックを組み立て、モーターなどを設置した後に、専用アプリケーションを使用してどのような動きにするのかプログラムする。プログラミングはビジュアルプログラミングの考え方を採

用しており、直感的に操作できるようになっている。また、Web サイトから入門・基礎・発展と段階に応じた指導が可能な複数の授業展開案を資料としてダウンロードすることもできる。まずは、これらをそのまま使ってクラブ活動を進めることも可能であろう。

○アーテックロボ（http://www.artec-kk.co.jp）

　アーテックロボは学校教材メーカーであるアーテックが提供するロボティクス教材である。45 分という授業時間を考慮した設計になっており、簡単なパーツを組み合わせ、専用ソフトウェアを用いてプログラムすることで動きを実現する。また、授業を進めるための教員用テキストも準備されている。そして何よりも授業で必要な最小限度のパーツを組み合わせたセットもあり、低予算でプログラミング教育を始められる上に、学校向けの研修会等も実施しており、学校教育に即したサポート体制が整っている点が特徴的だと言える。

3．プログラミングを取り入れたクラブ活動の進め方

　クラブ活動は、第 4 学年以上のプログラミングに興味関心のある児童によって組織される。ここでは、既存のコンピュータを活用したクラブ活動の一部にプログラミングを取り入れるのではなく、継続してプログラミングに取り組むことを前提にしたクラブ活動の進め方について論じることとする。また、クラブ活動の進め方については文部科学省国立教育政策研究所が示している「楽しく豊かな学級・学校生活をつくる特別活動小学校編」を参考にした（図1）。以下、図1に沿って詳細を述べる。

設置と所属

　児童は、プログラミングに関しての経験や予備知識がないことが考えられることから、児童が興味関心をもつことができるよう、とくに初年度においては事前に十分なアナウンスに努めることが必要である。また、プログラミングに関しては、経験のある児童とはじめて取り組むことになる児童では、コンピュータの操作スキルや内容の理解等に大きな差があることが想定される。どのような配慮が必要なのか、担当教員は事前に考えておくことが必要である。さらに、ロボティクス教材を購入する場合、学校長や事務担当者との事前の相談が不可欠である。どの程度の予算が確保できるのか、その予算でどのような教材をどのぐらい購入できそうなのか、実際に手元に届くまでにどの程度の日数を要するのか等、考えておくべきことは多岐にわたる。さらに、地域の外部講師を活用する場合には、どういった人材が当該地域にいるのかを事前に把握しておくこともクラブ活動を円滑に進めていく上で重要となる。

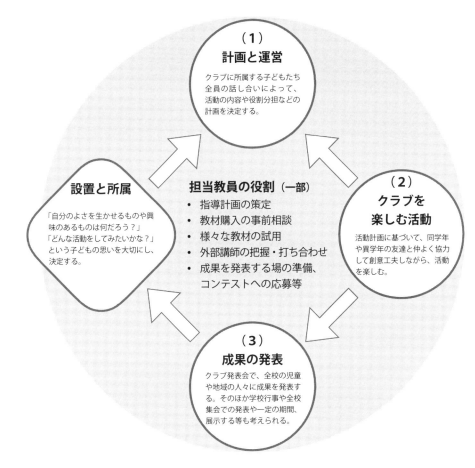

図1　クラブ活動を児童の活動にするための進め方の例
出典：文部科学省（2013）15頁の図をもとに筆者作成。

(1) 計画と運営

　クラブ活動の所属メンバーが決定した後、第1回のクラブ活動では時間をかけて、活動の内容や役割分担などの計画を立てる。その際に担当教員は、クラブ活動は児童自身の創意工夫で楽しむ活動であるといったクラブ活動の意義を伝えるとともに、年間指導計画に基づき、児童が作成する活動計画を支援することが重要である。たとえば、プログラミングの場合、ロボティクス教材を使った活動に児童の関心が集まりがちである。しかし実際は、1種類のロボティクス教材だけで長期にわたるクラブ活動を継続するのは困難であると予想される。したがってこのような場面では、Webを活用した学習サービスについて実演を交えて紹介し、順を追って学ぶ必要性に気づかせることも必要である。他にも、プログラミングは決して一人で行うものではなく、ペアやグループで行うことでよりよい発想が生まれ、知識理解の向上や技能の習得につながることが知られていることから、学年や男女などを考慮し

たグループを編成して、活動への参加を促すことも考えられる。

(2) クラブを楽しむ活動

実際の活動においては、活動計画を確認しながら児童が楽しく活動することをもっとも大事にしたい。その際、教師はクラブ活動の特徴の一つである異学年の友達と協力して創意工夫ができるような支援を心がけたい。たとえば、プログラミングでは、同じ目的を達成するためのプログラムは多様であり方法は一つではない。このようなことに気づかせることで、さらに意欲的に取り組めるようになると考えられる。また、外部講師を活用する際には、児童の実態やクラブ活動のねらい、活動計画等を確実に伝え、十分に理解してもらうように努めなければならない。したがって、外部講師との打ち合わせを確実に実施することが求められる。そうでなければ、児童の実態とはかけ離れたハイレベルの内容になったり、児童の興味関心とは異なる内容になったりするおそれがある。なお、プログラミングに関する外部講師として、近隣の大学や高等学校の教員及び学生・生徒、プログラミング教育に取り組むNPO 等の組織、プログラミングを必要とする職業に就いている児童の保護者などが考えられる。

(3) 成果の発表

クラブ活動では、時間をかけて取り組んだ成果物を発表する機会をぜひ設定したい。クラブ発表会のような形で全校の児童や地域の人々に作品を紹介する機会や、学校行事や全校集会などの一部を利用して発表する機会を設定することが望ましい。このような機会は、次年度以降に新しくクラブ活動を選択したり、設置を考えたりすることの参考にもなる。プログラミングを取り入れたクラブ活動に関しては、クラブに所属する児童の中でコンテストを実施したり、各種団体が行っているコンテスト（たとえば、公益財団法人学習ソフトウェア情報研究センター主催、学習デジタル教材コンクール：http://www.gakujoken.or.jp）に応募したりすることも十分に考えられる。活動の成果を児童の目に見える形で残すことで、達成感や次への学習（活動）意欲にもつながっていく。また、このような場ではとくに、6 年生によるリーダーシップや他の児童のメンバーシップを意識させることが重要である。

おわりに

クラブ活動ではどの学年のどんな児童も楽しめるように工夫することで、豊かな人間性・社会性を育むことができると言われている（文科省 2013）。さらにペアやグループで一つの

テーマについて考えたり、仲間と出来映えを競ったりするプログラミングの特徴を上手に取り入れることで、プログラミングを取り入れたクラブ活動は、プログラミング教育の観点だけではなく特別活動の観点からも十分に教育的価値が見出せると考えている。今後、全国の各自治体・学校において、本章で論考したような教育実践が様々な形で行われ、知見が蓄積されることが待たれる。

　なお、クラブ活動とは異なるが課外授業として、夏季休業中の数日あるいは数時間程度を利用したプログラミング教室等の取り組みも行われ始めている。こちらの知見も蓄積が待たれるところである。プログラミングを取り入れたクラブ活動が決して教師の指示だけのもとに進むことがないように、そしてまさに今話題となっている「アクティブ・ラーナー」を育むことにつながればと切に願っている。

引用・参考文献

・小林祐紀・兼宗進監修・編著（2017）『コンピューターを使わない小学校プログラミング教育 "ルビィのぼうけん" で育む論理的思考』翔泳社.

・長谷川春夫（2017）「小学校クラブ活動におけるプログラミングの実践と評価」『日本デジタル教科書学会第6回年次大会発表予稿集』Vol.6、pp.77-78.

・文部科学省（2013）『楽しく豊かな学級・学校生活をつくる特別活動（小学校編）』（教員向けリーフレット）文部科学省国立教育政策研究所教育課程研究センター（http://www.nier.go.jp/kaihatsu/pdf/tokkatsu_j.pdf）.

・文部科学省（2016）『小学校段階におけるプログラミング教育の在り方について（議論の取りまとめ)』.

・文部科学省（2017a）『小学校学習指導要領』.

・文部科学省（2017b）『小学校学習指導要領解説』.

第9章

「性の多様性」と道徳教育
─小学校・中学校の道徳科学習を生かして─

青栁路子

はじめに

　近年、「性の多様性」を尊重しようとする動きが活発になり、とくに性的マイノリティの理解普及に努める取り組みを多く見聞きするようになった。こうした社会的な動きは、学校教育にも影響し、2016（平成28）年4月には文部科学省から「性同一性障害や性的指向・性自認に係る、児童生徒に対するきめ細かな対応等の実施について（教職員向け）」が発行され、「性の多様性」に基づく児童生徒一人ひとりへの細やかな配慮の必要性が具体的に示された。学校教育で具体的に取り組むために、「性の多様性」を取り上げた教員研修、児童生徒を対象にした教育実践も報告されてきている。

　本章では、性的マイノリティの児童生徒への個別の配慮の重要性を踏まえつつ、「性の多様性」と道徳教育について考えてみたい。そのためにまず、多様な性の様相に触れた上で、LGBTIと言われる人々を中心とする性的マイノリティへの配慮が施策としてどのようになされてきたかを概観する。次に、「性の多様性」を尊重する教育の重要性と課題を取り上げ、「特別の教科　道徳」を中心とする道徳教育からのアプローチについて考察したい。

1．「性の多様性」と、多様性への配慮

（1）「性の多様性」──LGBTIを基点に

　「性の多様性」とは、生物学的な性別（sex）と社会的な性別（gender）が必ずしも一致するとは限らないこと、また性愛も異性愛には限定されないこと、そして性が生まれながらに身体的に限定されない、あるいは自己認識として限定されないことによる多様な性の在り方を意味している。生物学的な性と一人の人間として生きる自己の性の認識、そして性愛の向

図1 性的マイノリティを理解するための大まかな見取り図

	生物学的な性	性自認	性的指向	補足説明
レズビアン（L）	女性	女性	**女性**	＊性的指向が同性である点で共通。
ゲイ（G）	男性	男性	**男性**	
バイセクシュアル（B）	女性	女性	**両性**	
	男性	男性	**両性**	
トランスジェンダー（T）	女性	**男性**	女性	＊下位概念として、トランスセクシュアル、トランスヴェスタイト、狭義のトランスジェンダー、Xジェンダーがある。
			男性	
	男性	**女性**	女性	
			男性	

註： 1. 表に表して理解することが可能な性的マイノリティに限定して表記した。
　　 2. トランスジェンダーには同性愛者も存在することを踏まえて表記した。
　　 3. 上記以外のセクシャルマイノリティも存在することに注意が必要である。

かう対象等によって「性」は実に多彩になる（図1）。

こうした「性の多様性」を理解する手がかりとなるのが「性自認（gender identity）」や「性的指向（sexual orientation）」という概念である。

「性自認」は、自分の性の認識を指す概念であり、「心の性」とも呼ばれる[1]。また、「性的指向」とは、性愛、つまり恋愛感情や性的な欲望がどの性別の人に向かうかをとらえるものである。これらはまとめて、それぞれの頭文字をとってSOGIと表記されることがある。この二つの概念をもとに、近年とくに多用されるLGBTIという言葉から、「性の多様性」を具体的にとらえてみたい。

①レズビアン、ゲイ

Lは「レズビアン（lesbian）」、Gは「ゲイ（gay）」を意味し、それぞれ女性同性愛者、男性同性愛者を指す。両者は、「性的指向」が同性である点で共通性がある。

レズビアンが女性同性愛者を指す言葉として用いられるようになったのは19世紀から（日本では戦後から）、ゲイという言葉を男性の同性愛者自らが使用し始めたのは1950年代のアメリカからであり、日本でも同時期にこの言葉が用いられるようになったと言われている。

かつて同性愛は、性科学者や医師たちよって病理的なものと判断・区分され、否定的に受け止められてきた。それが、精神医療の診断に用いられるアメリカ精神医学会『精神障害の診断と統計マニュアル（以下、DSMと略）-Ⅱ第7版』（1973年）から同性愛の項目が削除されることにより、脱病理化する。しかしながら、同性愛者はマイノリティであること、また異性愛を規範としてきた社会においては異質ととらえられかねないために、同性愛が受け入れられず、否定的にとらえられてしまうことがある。

これについて森山至貴は、同性愛という言葉は「同性間の性行為ではなく、同性間の性行為をする『タイプ』の人間がいるということ」であり、同性愛者ではない人々と同じよう

に学業や仕事、家庭や介護、趣味などの暮らしがあることを強調する[2]。森山が述べるように、同性愛者は性愛が同性に向かう「タイプ」の人であって、性愛の対象、つまり性的指向が異性愛の人々と異なるだけなのだ[3]。同性愛や同性愛者の理解は、呼称の面でも重要である。たとえば、「レズ」「ホモ」「オカマ」といった表現は、歴史的に同性愛者に対して侮蔑を込めて用いられてきたことから当事者を傷つける可能性がある。同性愛者が自称する際に用いる「レズビアン」「ゲイ」という言葉を用いるようにしたい。

②バイセクシュアル

　人は、異性にのみ恋愛感情や性的な欲望を抱くとは限らない。そして、一つの性に対してのみ、性愛を抱くとも限らない。Bは「バイセクシュアル（bisexual）」であり、男性と女性の双方が性愛の対象となる性的指向をもつ人を指す。性的指向が両性に向かう両性愛も、性愛の一つの形である。

③トランスジェンダー

　Tは「トランスジェンダー（transgender）」の呼称であり、生物学的な性別と性自認が異なるケースを指す。字義的には、社会的・文化的性差（あるいは社会的・文化的性別）であるジェンダーを「越境（trans）」する者である。ジェンダーには「女らしさ」「男らしさ」、すなわち「女／男はこうするべき／こうあるべき」という規範が伴う。さらに、この規範には「あなたは女である／男である」という暗黙的な性別の規定が含まれる。したがって、トランスジェンダーは、女性か男性かという他者からの性別規定を、また、その規定にふさわしい態度や行動をとることを「越境」していく存在ということになる。

　この「越境」の仕方にも多様性があるため、トランスジェンダーはより細分化される。その一つが「トランスセクシュアル（transsexual）」である。これは、生物学的な性とは異なる性を自認し、生きようとするトランスジェンダーである。トランスセクシュアルは、身体的な性別を「越境」するため、適合手術によって自認する性を生きることを求める。

　日本語で言う「性同一性障害」、とくに法的定義に基づく「性同一性障害」は、このトランスセクシュアルが該当する。2003（平成15）年に公布された「性同一性障害者の性別の取扱いの特例に関する法律」では、「性同一性障害」を次のように定義する。

　　生物学的には性別が明らかであるにもかかわらず、心理的にはそれとは別の性別（以下「他の性別」という。）であるとの持続的な確信を持ち、かつ、自己を身体的及び社会的に他の性別に適合させようとする意思を有する者であって、そのことについてその診断を的確に行うために必要な知識及び経験を有する二人以上の医師の一般に認められて

いる医学的知見に基づき行う診断が一致しているもの（後略）。

このように、現在は手術によって身体的な性を自認する性に変えること、そして自認する性として社会的に生きることが法的に尊重されている。

次に、「トランスヴェスタイト（transvestite）」という、容姿に関わって性を「越境」する人々がいる。「クロスドレッサー」とも呼ばれ、身体的な性別とは異なる性別の服装、すなわち異性装で生きる。トランスヴェスタイトの場合は、必ずしも性自認は重要ではないと言われており、異なる性別の服装で生きることで性別の違和感を緩和したり、精神的な充足や安定を得たりする。この異性装も、日常生活すべてにおいてなされることもあれば、一時的な精神的充足や安定のために行うなど、人によって様相は異なる。

これらに加えて、狭義の「トランスジェンダー」がある。生物学的な性は必ずしも問題ではなく、自分の性自認とは異なる「性別」を他者が押しつけてしまうことが問題となる。この人々には、自分の身体上の「性別」に気づかれたくないという傾向がある。

さらには「Xジェンダー」という、自分の性自認が女性か男性かに定まらない人々もいる。ジェンダーを多様に「越境」するこれらの人々から広義のトランスジェンダーが成立する。

④インターセックス

Iは「インターセックス（intersex）」の頭語で、出生時の性別が女性・男性に区別できない場合を指す。性染色体・生殖器・性ホルモン分泌などの組み合わせにより、身体上の性別が典型的な女性／男性に区別できない。インターセックスは、あくまでも身体上の性分化の特徴を表すもので、性自認はほとんどが女性か男性のいずれかに分かれると言われている。近年では、身体に好ましくない影響が伴うなど医学的に緊急の対応が必要でなければ、本人の意向が確かめられる年齢になってから治療の有無を決定する傾向にある。

このように、LGBTIという言葉は、多様な性の在り方の頭語から成り立っている。近年では、性的マイノリティを瞬時に連想させるほど人口に膾炙してきているが、用いる際には注意が必要になる。第一に、LGBTIは多様な性の在り方を総称したものであって、それぞれの性の在り方を考慮しない用い方をすれば多様性を捨象しかねないこと。第二に、LGBTI以外の性的マイノリティの存在が抜け落ちてしまう危険性を持ち合わせていること。たとえば、LGBTIの他にいかなる他者も性愛の対象とならない「アセクシュアル（asexual）」、自分自身のセクシャリティ・性的指向を決められない／わからない、あるいはあえて決めない「クエスチョニング（Questioning）」などの性的マイノリティが存在する。

また、LGBTI ばかりが強調されれば、トランスジェンダーの同性愛者もこぼれ落ちかねない。LGBTI は単に性的マイノリティを指すのではなく、多様な性の在り方を示すものであること、そこに含まれない多様な性が存在することを理解しておきたい。

（2）教育における多様な性への配慮

「性の多様性」を認め、尊重しようとする動きは国際的にも活発である。2006（平成 18）年には国連関係者も参加した LGBT 人権国際会議で、LGBTI の人権の確保を求めた「モントリオール宣言」を採択。さらに 2011（平成 23）年には、国連人権理事会第 17 会期「人権と性的指向・性別自認」で性的マイノリティの人権に関する初の国連決議が、日本も賛成して採択された。

それでは日本国内では、どのような施策や学校教育の方針がとられてきたのだろうか。ここでは、とくに 2000 年代以降になされた施策等に注目しながらその変遷と課題をおさえておこう。

その前史として、性的マイノリティ、とくに同性愛がどのように理解され、その理解が変化したかを学校教育に関わらせて確認しておきたい。

1979（昭和 54）年の文部省（当時）『生徒の問題行動に関する基礎資料：中学校・高等学校編』において、「同性愛」は「倒錯型性非行」とされ、「社会的にも健全な社会道徳に反し、性の秩序を乱す行為となりうるもので、現代社会にあっても是認されるものではないだろう」と述べられていた。1970 年代当時の学校教育において、同性愛は「非行」であり、「社会道徳に反し、性的秩序を乱す」という社会的・性的規範から逸脱するものと理解されていた。

この記述が 1993（平成 5）年に削除される。これは、同性愛者たちが公的施設利用についての差別を受けたことによる提訴の過程で求められ、実現されたという[4]。1990 年代には、同性愛当事者が社会的に受けた差別を克服しようとする動きがあり、それが学校教育にも関わっていたことを確認しておきたい。

そして 2000 年代である。2002（平成 14）年の「人権教育・啓発に関する基本計画」（閣議決定）の「各人権課題に対する取組」の「その他」に、「同性愛者への差別といった性的指向に係る問題」が「その解決に資する施策の検討を行う」ものとして明記された。翌 2003（平成 15）年には「性同一性障害者の性別の取扱いの特例に関する法律」が公布される。同法では、20 歳以上の一定の要件を満たしたトランスジェンダー（とくにトランスセクシュアル）の人々の、戸籍上の性別変更を認め、身体的および社会的に自認する性へ適合させようとする意思が法的に尊重されるようになった。

この後、性同一性障害のある児童生徒の存在とその支援体制についてメディアなどで取り上げられたことをきっかけに、2010年代には文部科学省が学校教育に関わる通知を発出、教員のための資料を発行していく。

　まず2010（平成22）年に出された「児童生徒が抱える問題に対しての教育相談の徹底について（通知）」（4月23日付）では、性同一性障害のある児童生徒は、生物学的、すなわち身体的な性と異なる性自認をもつため、学校での生活や活動に悩みを抱え、心身に大きな負担を感じていると考えられることから、個別の事案に応じた教育相談を行うことを学校関係者に求めた。この背景には、性的マイノリティが社会的に差別や偏見を受け、学校ではいじめや不適応などから自殺念慮の割合が高いことが明らかになり、対応が求められるようになった経緯がある[5]。そして2013（平成25）年には「学校における性同一性障害に係る対応に関する状況調査」を実施し、翌年には性同一性障害の児童生徒の教育相談状況の結果を報告している。

　これを受けて、2015（平成27）年には「性同一性障害に係る児童生徒に対するきめ細かな対応の実施等について」（4月30日）を発出し、「性同一性障害に係る児童生徒や『性的マイノリティ』とされる児童生徒に対する相談体制等の充実」として、性的マイノリティの児童生徒への相談体制の充実とともに、「学級・ホームルームにおいては、いかなる理由でもいじめや差別を許さない適切な生徒指導・人権教育等を推進すること」とした。

　翌2016（平成28）年4月には、「性同一性障害や性的指向・性自認に係る、児童生徒に対するきめ細かな対応等の実施について（教職員向け）」の資料が発行される。

　「性の多様性」教育に詳しい渡辺大輔は、2010年代に出された文部科学省の通知・資料を分析し、その変化や特徴を次のように述べている[6]。

　まず、2010（平成22）年と2015（平成27）年の通知等を比較すると、第一に性的マイノリティの当該児童生徒への個別の支援だけではなく、学級・ホームルームにおいて、生徒指導・人権教育等を推進することといった集団的な支援、学びの機会の保障が求められるようになったこと。そして、第二に、表題では性同一性障害のみが取り上げられているが、本文中には「『性的マイノリティ』とされる児童生徒」も併記され、支援対象が拡大したこと。この二つを変化の特徴として挙げている。

　また2016（平成28）年の教職員向け資料においては、表題に「性的指向」や「性自認」の言葉が用いられ、性的マイノリティの内実が具体化されたこと、「Q&A」形式の項が示され、学校教育における当該児童生徒への配慮や、その他の児童生徒への配慮の仕方を具体的に示したことを挙げている。

　このように、2000年代以降は性的マイノリティの理解が進む中で、学校教育においても支援体制の充実や、教職員への理解普及がなされてきた。反面、課題もある。

第9章　「性の多様性」と道徳教育　*141*

一つは通知や資料の表題に挙げられる「性同一性障害」という言葉である。アメリカ精神医学会では、1980年発行の『DSM-Ⅲ』から、医師によって診断される疾患として「性同一性障害（Gender Identity Disorder）」を位置づけてきたが、2013年の『DSM-Ⅴ』からは「性別違和（gender dysphoria）」を採用し、生物学的な身体の性と性自認の不一致は障害ではないことを明確にした。つまり、アメリカ精神医学会は、性同一性障害を同性愛と同じように脱病理化させたことになる。一方、日本では、法的にも「性同一性障害」が用いられ、文部科学省による通知・資料もそれに基づいて作成されている。これはすなわち、生物学的な性と性自認の不一致を、医療モデルを採用して障害・疾患の一つとして取り扱う、ということになる。障害や疾患としてとらえた上での支援か否かは、国内外の動きを視野に入れて検討していく必要があるだろう。

　二つ目に、支援の対象が性同一性障害以外の性的マイノリティへ拡大したにもかかわらず、通知・資料では性同一性障害に関する内容が大きな比重を占めていることである。たしかに、性同一性障害は、生物学的な性と性自認が異なることから悩みや困難を抱えやすく、さらには制服やトイレの使用など男女の違いが明確に意識される学校生活において不適応を生じかねない。したがって、学校関係者に対しては、より配慮が求められる存在である。しかし、一見、学校生活に適応しているかに見えても、性的マイノリティとして他者とは違う自分に思い悩む児童生徒が存在する。同性愛者など、性同一性障害以外の性的マイノリティの支援も充実させていく必要があるだろう。これらの点を中心に、現在までに出されてきた文部科学省の通知や資料には今後の発展性があると考えられる。

2.「性の多様性」教育——児童生徒の発達と人権教育、道徳教育

　「性の多様性」を尊重しようとする国際的な動きを受けながら、現在では、日本国内においても多様な性の在り方が認知され、学校教育でも性的マイノリティの児童生徒に対するきめ細やかな支援や、教育相談体制の充実が図られるようになってきた。他方、学校は、従来から女性・男性という性別を明確に区分することで成立する文化を数多く持ち合わせてきた。さらに「隠れたカリキュラム」として、社会的・文化的に形成されたジェンダーも伝わりやすいと言われている。このような文化・環境である学校では、性的マイノリティの児童生徒に対して個別に配慮し、きめ細やかな対応を行うことが必要不可欠である。

　こうした個別支援体制の上に、性的マイノリティの児童生徒も他の児童生徒も相互に尊重され、ともに学ぶ学校教育・学校生活を実現することが求められる。なぜなら、性的マイノリティは個別具体的な課題を抱えていることはもちろん、学校教育では、いじめや暴力の被

害を受けやすいこと、それらの被害や学校への不適応をきっかけに不登校となりやすいことなどが報告されているためである。さらに、社会的には性的マイノリティが差別や偏見にさらされやすい現実、実際に差別や偏見に直接さらされなくても、マイノリティとしての生きづらさもある。こうした課題ゆえに、2016（平成28）年の教職員向け配付資料では、「いかなる理由でもいじめや差別を許さない、生徒指導・人権教育等の推進」が強調されたと言えるだろう。では、いったいどのようにして「性の多様性」を尊重し、多様な性の理解に基づく児童生徒の相互尊重や相互理解を深めていくことができるのだろうか。この問いに対して、児童生徒の発達と、人権教育と道徳教育から考えてみたい。

（1）児童生徒の発達という視点

　2016（平成28）年の文部科学省による教職員向け資料「Q&A」の最終項目に、「性自認や性的指向について当事者の団体から学校における講話の実施の申し出があった場合、こうした主題に係る学校教育での扱いをどのように考えるべきですか」という問いがある。これに対する回答は、「性に関することを学校教育の中で扱う場合は、児童生徒の発達の段階を踏まえることや、教育の内容について学校全体で共通理解を図るとともに保護者の理解を得ること、事前に集団指導として行う内容と個別指導との内容を区別しておく等計画性をもって実施すること等が求められるところであり、適切な対応が必要」とされ、さらに、「義務教育段階における児童生徒の発達の段階を踏まえた影響等についての慎重な配慮を含め、上記の性に関する教育の基本的な考え方や教育の中立性の確保に十分な注意を払い、指導の目的や内容、取り扱いの方法等を適切なものとしていくことが必要」とされている。

　従来から、学校教育で性を取り上げる際には児童生徒の発達段階を踏まえることが重視されてきた。「性教育」と言われる性に関する教育も、児童生徒が第二次性徴を遂げていく発達時期をとらえて実施されている。では、「性の多様性」に関する教育も、同じような発達段階時期に行うのが望ましいのだろうか。

　2017（平成29）年の高校の、地理歴史や公民、家庭の3教科の教科書で、性的マイノリティや同性婚を含む多様な家族が取り上げられたことが報じられた[7]。たしかに、高校生であれば、現代的な教材として性的マイノリティや多様な家族を取り上げ、「性の多様性」についての理解を深め、考えることは可能だろう。また、性的マイノリティに関わる書籍等にも、中高生向け、あるいは大学生向けのものがより多く見られる。「性の多様性」は身体の性徴が顕著になる時期に、また人権にも関わるため、性的・知的に発達した一定年齢以上の子どもたちが対象として想定されやすいのかもしれない。

　他方、性的マイノリティに関する次のような調査結果がある。中塚幹也らによる、「性同

一性障害」でジェンダークリニックの受診者を対象にした調査によれば、自分の身体の性別に違和感を抱いた時期が小学校以前だった人は、身体的な性が男性の人（Female to Male: FTM）で70.9％、身体的な性が女性の人（Male to Female: MTF）で33.6％、合計で56.6％であった。ここからは、小学校以前からすでに自分自身の身体的な性に違和感を抱いている子どもの割合が高いことがわかる[8]。

　自分がどのような性であるかという性自認、つまり性的アイデンティティは、自らを構成する重要な要素となる[9]。この性的な側面を含めたアイデンティティが形成されていくというプロセスを人間の「発達」ととらえ、小学校から（もしくは小学校以前から）学校教育で「性の多様性」を取り上げることが重要ではないだろうか。

　「性の多様性」から性的マイノリティを取り上げた授業を小学校で（もしくはそれ以前から）行うことに対して時期尚早としたり、慎重な見解を示したりする声はあるだろう。性は私事として秘匿されやすく、それだけに教育で取り上げることには難しさがあるからである。加えて、これまで女性・男性の二つの性区分で考えてきた人々にとって、幼い子どもの頃から「性の多様性」を学ばせることに戸惑いを感じることもあるだろう。そうであったとしても、児童生徒の発達段階をとらえた「性の多様性」についての教育は、知的な発達や第二次性徴の身体の性的発達の時期よりも、子ども一人ひとりのアイデンティティが形成されていく、より早期からの教育が必要である。そのことは、当該児童生徒が直面する、性的マイノリティの生きづらさの克服にもつながるであろうし、ひいては性的マイノリティとそうではない児童生徒の相互理解や多様性理解を育むことになると期待される。

(2) 人権教育と「性の多様性」

　それでは、どのようにして「性の多様性」を教育で取り上げていけばよいだろうか。これまで見てきたように、文部科学省による通知・資料では、性的マイノリティへの配慮として生徒指導・人権教育が重視されている。これらが重視されるのは、性的マイノリティの児童生徒がいじめの被害を受けやすいという問題、そして社会的に差別や偏見を受けやすい性的マイノリティの人権に関わる問題が背景にあると考えられる。

　とくに前者の、性的マイノリティが対象となるいじめは学校教育において重要な課題である。「いのちリスペクト。ホワイトリボン・キャンペーンジャパン」によるLGBT当事者を対象とした学校生活に関する実態調査結果報告書では、回答者の68％が「身体的暴力」「言葉による暴力」「性的な暴力」「無視・仲間はずれ」のいずれかを経験している。とくに「言葉による暴力」「無視・仲間はずれ」が50％前後の高い割合であった[10]。

　「いじめ防止対策推進法」において、いじめが「受けた児童等の教育を受ける権利を著し

く侵害し」「その心身の健全な成長及び人格の形成に重大な影響を与える」のみならず「その生命又は身体に重大な危険を生じさせるおそれがある」ものであるとされているように、当該児童生徒の人権に関わる重要な問題である。2017（平成29）年3月に改定された「いじめの防止等のための基本的な方針」では、「性同一性障害や性的指向・性自認に係る児童生徒に対するいじめを防止するため、性同一性障害や性的指向・性自認について、教職員への正しい理解の促進や、学校として必要な対応について周知する」と明記された。性的マイノリティの児童生徒がいじめの対象となりやすい実態に即して、当該児童生徒の人権を守り、尊重していく必要がある[11]。

　人権教育は、2000（平成12）年の「人権教育及び人権啓発の推進に関する法律」において「人権尊重の精神の涵養を目的とする教育活動」とされている。性的マイノリティの人々や当該児童生徒の「人権尊重の精神を涵養する教育」にどのように取り組んでいけばよいのだろうか。

　渡辺は、教育で性的マイノリティのみを取り上げることに、次のように注意を促している。

　　　　私たちが問うべきは、「性的マジョリティ」が不問に付され、「性的マイノリティ」や「LGBT」だけが問われ、説明され、マジョリティに「理解」され「受け入れ」られるという構造である。「性的マイノリティについて」「LGBTについて」といったテーマでは、「知ってあげる私たち」「知ってもらうあなた方」もしくは「聞いてあげる私たち」「語る義務があるあなた方」という「マジョリティ」と「マイノリティ」の権力構造を再生産してしまうことになる。[12]

　性的マイノリティについて学ぶことは重要である。性的マイノリティと一口に言っても、そこには多様な性があり、具体的に学ぶことが多様性を理解することになるからである。しかし、マジョリティとマイノリティという社会的な構造があるからこそ性的マイノリティとされることを忘れてはならない。マジョリティが「力」を有している以上、マジョリティからマイノリティへの一方向的な理解とならないよう留意する必要がある。

　上記のような注意を促した上で、渡辺は、「私たちが学ぶべき」ことを二つ挙げる。一つは、「私たちの性の多様性」について。そこにはマジョリティも包含され、マイノリティと対等に位置づけられる。そして、マジョリティはなぜ自分たちがカテゴライズされる名称を知らずに生きてこられたのか、なぜマイノリティだけがカテゴライズされ、名づけられてきたのかを問うことになると言う[13]。

　もう一つは、「私たち」の内部の、もしくは自分自身の内部の差異について考えること。

本来多様である人間をマジョリティかマイノリティかで二分してしまう関係性を考え、この社会の問題を発見し、理解し変えていくためにも、みなが考えられる学びの機会をつくる必要性があると言う[14]。性的マイノリティの多様さは、自分の性別に違和感をもたず、異性を愛する人々の多様さと変わらない。また性的マイノリティやマジョリティの区分を超えて、人は、好きな人のタイプや趣味など、共通する要素をもっていることもあると述べる。

これまで、とくに性的マイノリティの人権を重視して、一人ひとりがもつ人権を尊重する精神の涵養を目的とした人権教育が必要とされてきた。人権に関わる問題は、私たちが生きる社会の構造と深く関わっているため容易には克服できないが、社会の問題を問い、よりよくしていこうという目標・意識をもって学んだり考えたりすることが人権教育の重要な視座である。その視座を持ち合わせた上で、「性の多様性」が提示する、人間はそもそも多様であるという地平に立つこと。人間はそもそも多様であるということは、マジョリティ・マイノリティの区分を超越する。望むべきは、両者の区分を取り払うことで、その区分の意味を問い直すことであり、現実社会や一人ひとりの認識の中で区分の壁をなくしていくことである。

(3)「性の多様性」教育と道徳科の学習

最後に、「性の多様性」について、道徳科の学習における可能性と限界を考えてみたい。

まず道徳科は、深刻ないじめ問題を発端に「特別の教科　道徳」として成立した経緯がある。そして現実的ないじめ問題に対応できるよう、「考える道徳、議論する道徳」への質的転換も求められている[15]。道徳科に対して、現実的ないじめ問題への対応が求められている以上、そこには、性的マイノリティを対象としたいじめへの対応も含まれることになる。

また、道徳科の「学習指導要領解説」では、「第4章　指導計画の作成と内容の取扱い」の「第3節　指導の配慮事項」の「現代的な課題の扱い」において、「道徳科の内容で扱う道徳的諸価値は，現代社会の様々な課題に直接関わっている」とした上で、持続可能な発展をめぐる問題の一つとして「人権」を挙げている。とりわけ道徳科においては、「性の多様性」はけっして軽視できない、重要な現代的課題の一つではないだろうか。

実際、「性の多様性」を取り上げた授業の教材、学習指導案を調べると、道徳／道徳科での活用を目的としたものや、道徳の時間での実践例が多く見られる。たとえば、NHKのEテレの番組「On My Way」（対象：小学校高学年、中学校）では2017（平成29）年度の放送から「偏見をなくすためにはどうすればいいんだろう？」というタイトルでLGBTが取り上げられている。この題材に対応する二つの授業案で取り上げられている内容項目は、一つは「公正、公平」（NHKwebページ掲載情報のまま）、もう一つは「相互理解、寛容」である[16]。

また性的マイノリティを支援し、理解普及に努める諸団体も、道徳の授業で生かすことのできる資料や学習計画を提案している。たとえば、特定非営利活動法人 ReBit は「Ally Teacher's Tool Kit（アライ先生キット）」を制作している[17]。こちらの web 上で提供されている中学校向けの授業案は道徳で、取り上げられている内容項目は「寛容・謙虚」「社会正義、公平公正」（掲載情報のまま）である。支援団体等が提供する授業案は、道徳／道徳科の授業でそのまま取り上げるには少なからず難があるものもある。しかしながら、それは、「公正、公平、社会正義」「相互理解、寛容」等の道徳的価値についての理解を深め、性的マイノリティへの偏見や差別の問題と人権尊重について考える学習が期待されていることの表れととらえられる。

　道徳科の学習では、なぜ「性の多様性」について考えるのか、児童生徒の問題意識を喚起しつつ、ものの見方や考え方を拡充・深化させられるようにすること、あるいは、道徳科の目標に掲げられているように「物事を多面的・多角的に考え」、多様な性について自己理解や他者理解を深めながら、児童生徒一人ひとりの「よりよく生きるための道徳性」を育成し、さらには性的マイノリティの抱える課題について考え話し合っていくことが大切になるだろう。

　しかし、道徳科における学習のみでは限界もある。人間の性はそもそも多様であるという知的理解を育むこと、児童生徒一人ひとりの、性的な側面を含めたアイデンティティ形成を支える環境をつくることも大切になる。つまり、「性の多様性」を学校教育で取り上げていくには、生徒指導や人権教育、各教科の学びと連動・連携した道徳科の学習が重要になると考えられる。

　道徳科にはいじめへの対応が求められており、そこには性的マイノリティに対するいじめも含まれる。さらにいじめは人権に関わる問題であり、その人権問題は社会においても重要な課題である以上、道徳科の学習は社会問題へと関わっていく。いじめへの対応という「使命」を背負った道徳科には、人権尊重を根幹に置きながら現代社会の課題と対応しつつ、児童生徒の人格の基盤となる道徳性を育成することが求められていると言えよう。

おわりに

　森山は、大学教育等で「性の多様性」を取り上げている経験から、無知と結びついた「なんでもあり」の立場の脆弱性を危険視する[18]。「誰も差別せず、なんでもありだと認めれば十分」とする立場は、一見「倫理的」で魅力的に見えるが、「だからマイノリティについてはきちんと知らなくてもよい（なぜなら差別しないと宣言すればそれで十分なのだから）」という

帰結に陥りがちで、実際にマイノリティに向き合ったときに無知によって相手を傷つけかねない。他者を自分に都合よく解釈して傷つけないためにも、知識を得る必要があると言う。そして、その知識、正しい知識は時代によって変わるため、知識の習得は終わりがないと付け加える。

ここで確認しておきたいのは、「他者を傷つけないこと」ではなく「知」の重要性である。2017（平成29）年3月に改定された「いじめ防止等の基本的な方針」において「教職員への正しい理解の促進」が求められていたように、教師が性的マイノリティの児童生徒をきめ細やかに支援し、教育相談にあたっていくためには、正しい知識が必要である。現在では、性的マイノリティ者が学生から社会人へ移行するための課題も指摘されており、個々の性的マイノリティの特質を理解するだけでなく、性的マイノリティが社会で置かれている位置などについても理解していくことが必要となるだろう。正しい知識を得るためには学び続けなくてはならないが、正しい知識は、本章で取り上げてきた「私たちの性の多様性」の教育にも、普段の教育実践にも生かされていくことだろう。

註

1　性自認は「心の性」と呼ばれてきたが、その問題も指摘されている。詳細は中村美亜（2005）『心に性別はあるのか？―性同一性障害のよりよい理解とケアのために―』医療文化社を参照。

2　森山至貴（2017）『LGBTIを読みとく―クイア・スタディーズ入門―』筑摩書房、pp.81-82。

3　同性愛者はこのような「タイプ」の人であるが、かつて治療のすべが見つからなかったAIDS/HIVの罹患者、とくに男性同性愛者が多かったことから、病いとともに負の烙印を負うことがあったことも忘れてはならないだろう。

4　具体的には、「動くゲイとレズビアンの会（現：NPO法人アカー）」が1990（平成2）年に東京都府中青年の家で合宿中に他団体から差別を受けた上、東京都教育委員会によって以後の宿泊利用を拒否されたことに基づく裁判の過程で、アカーの申し入れにより記述が削除されたという（裁判はアカーが勝訴）（動くゲイとレズビアンの会（1998）『同性愛者と人権教育のための国連十年』より）。

5　2012（平成24）年の「自殺総合対策大綱」（8月28日閣議決定）では、「自殺念慮の割合等が高いことが指摘されている性的マイノリティについて、無理解や偏見等がその背景にある社会的要因の一つであると捉えて、教職員の理解を促進する」とした。

6　渡辺大輔（2017）「『性の多様性』教育の方法と課題」（三成美保編著『教育とLGBTIをつなぐ―学校・大学の現場から考える―』青弓社、pp.145-166。

7　毎日新聞（2016）「教科書検定『LGBT』初登場―多様な性、高校で学んで―」3月18日記事。

8　中塚幹也（2013）「学校の中の「性別違和感」を持つ子ども―性同一性障害の生徒に向き合う―」JSPS日本学術振興会科学研究費助成事業23651263、挑戦的萌芽研究『学校における性同一性障害の子どもへの支援法の確立に向けて』。

9　これに関して、鷲田清一は次のように言う。長くなるが、引用しておきたい。「わたしたちは誰しもが、

わたしはこういう人間だという、じぶんで納得できるストーリーでみずからを組み立てています。精神科医のR・D・レインが言ったように、アイデンティティとは、じぶんがじぶんに語って聞かせるストーリーのことです。人生というのは、ストーリーとしてのアイデンティティをじぶんに向けてたえず語りつづけ、語りなおしていくプロセスだと言える。(中略)じぶんについての語りのなかで、人生で最初に直面するのは、じぶんは誰の子かということ、それから、じぶんが男か女かというセクシャリティの問題です。子どもというのは、まずそれを確定しないと、みずからについての語りが始まらない。とくにこの両親がじぶんの親だということはだれが証明してくれるわけでもありません。周囲がなんとなく、当たり前のようにしてこれが親で、おまえはその子だと言っているから、そのストーリーを受け入れてじぶんを語りだしてきたわけです。(中略)もう一つは、性。お医者さんごっこで性器の見せ合いしたりとかして、じぶんは『ああ、男なんだ』『女なんだ』と、それぞれがじぶんのストーリーを組んでいく。性同一性障害に典型的に見られるように、思春期になって体が変化していくなかで、子どもの頃はペニスが付いているか付いていないかぐらいの差しかなかったのに、体型的に男と女できれいに分化していき、じぶんが女性であるということ、あるいは男性の身体を持っているということが、どうしても違和感があって受け入れられないということが起こりえます。じぶんの存在にとって、このあてがわれた体は間違っているという思いに囚われて、性的な同一性について語りなおしを試みる。じぶんは男性のセクシャリティを持っていないのに、毛が生えてくるし、ペニスがあるという、その事実が受け入れられないから、ストーリーが破綻してしまう。最終的にはいろんな決着のつけ方があります。手術も含めて、じぶんのストーリーの破綻をなんとか修復するために、語りなおしをせざるをえない。それも一人で語るだけではありません。わたしのいう語りなおしは、周りとの関係も含んだものです。周囲にも新しいストーリーを受け入れてもらわないといけないのです。周囲のじぶんを見る目も、理解して変わってくるというプロセスを経ないと、本当の着地はありえないのです」(鷲田清一(2012)『語りきれないこと―危機と痛みの哲学―』角川書店、pp.26-31)。

10　いのちリスペクト。ホワイトリボン・キャンペーンジャパン(2014)「LGBTの学校生活に関する実態調査(2013)結果報告書」(http://endomameta.com/schoolreport.pdf：2017年12月3日アクセス)。同調査による、いじめの実態の結果としては「性別違和のある男子」がいじめや暴力被害のハイリスク層であること、いじめや暴力を受けた時期は小学校低学年から学年を追うごとに次第に増加し中学2年生をピークに下降するが、回答者の72％が複数学年にわたりこのような被害を経験、5学年以上にわたる被害を経験した者は「性別違和のある男子」の43％が該当したことも報告されている。

11　本章では詳述できないが、性的マイノリティの児童生徒がしたカミングアウトを、当人の許可なく他者に暴露してしまうアウティングという行為がある。過去、アウティングされた大学生が自ら命を絶った。アウティングも人権に関わる重大な問題となる。

12　渡辺、前掲、pp.161-162。

13　自分の身体的な性別を違和感なく受け入れる人、つまり生物学的な性と性自認が一致する人は「シスジェンダー」と呼ばれる。また同性や、男女の両性以外に性的指向が向かう人、つまり異性に性愛が向かうことを「異性愛」と言う。

14　渡辺、前掲、pp.161-162。

15　文部科学省(2016)文部科学大臣メッセージ「いじめに正面から向き合う『考え、議論する道徳』への転換に向けて」(http://www.mext.go.jp/b_menu/houdou/28/11/1379623.htm：2017年12月3日アクセス)。

16　NHK Eテレ「On My Way」(http://www.nhk.or.jp/doutoku/onmyway/teacher/2016_001_01_plan.html：2017年12月3日アクセス)。

17　特定非営利活動法人 ReBit「LGBT 教材とは」(http://rebitlgbt.org/project/kyozai：2017年12月3日アクセス)。アクセス時現在、小学校対象のものは作成中とのことである。

18　森山、前掲、pp.191-192。

主要参考文献

・加藤慶・渡辺大輔編著 (2012)『セクシュアルマイノリティをめぐる学校教育と支援―エンパワメントにつながるネットワークの構築に向けて―(増補版)』開成出版.

・QWRC・徳永桂子 (2016)『LGBT なんでも聞いてみよう―中・高生が知りたいホントのところ―』子どもの未来社.

・佐々木掌子 (2017)『トランスジェンダーの心理学―多様な性同一性の発達メカニズムと形成―』晃洋書房.

・三成美保編著 (2017)『教育と LGBTI をつなぐ―学校・大学の現場から考える―』青弓社.

・特定非営利活動法人 ReBit 編、薬師実芳・笹原千奈未・古堂達也・小川奈津己 (2014)『LGBT ってなんだろう?―からだの性・こころの性・好きになる性―』合同出版.

・RYOJI・砂川秀樹編 (2007)『カミングアウト・レターズ―子どもと親、生徒と教師の往復書簡―』太郎次郎社エディタス.

・早稲田大学教育総合研究所監修 (2015)『早稲田教育ブックレット 13　LGBT 問題と教育現場―いま、わたしたちにできること―』学文社.

【執筆者一覧】（※掲載順）

生越　達（おごせ　とおる）
茨城大学大学院教育学研究科教授。専門：教育方法学。

小川哲哉（おがわ　てつや）
茨城大学教育学部教授。専門：教育哲学、道徳教育学。

三輪壽二（みわ　しゅうじ）
茨城大学大学院教育学研究科教授。専門：教育相談、臨床心理学。

打越正貴（うちこし　まさき）
茨城大学大学院教育学研究科准教授。専門：教育方法学、教育実践学。

村野井均（むらのい　ひとし）
茨城大学教育学部教授。専門：発達心理学。

杉本憲子（すぎもと　のりこ）
茨城大学大学院教育学研究科准教授。専門：教育方法学。

小林祐紀（こばやし　ゆうき）
茨城大学教育学部准教授。専門：教育方法学、教育工学。

青柳路子（あおやぎ　みちこ）
茨城大学大学院教育学研究科准教授。専門：道徳教育、教育人間学。

教育の最新事情と研究の最前線

2018 年 2 月 28 日　初版第 1 刷発行

編　集　© 茨城大学教育学部学校教育教室
発行者　宮　下　基　幸
発行所　福村出版株式会社
〒 113-0034　東京都文京区湯島 2-14-11
電　話　03 (5812) 9702
F A X　03 (5812) 9705
https://www.fukumura.co.jp

印刷・製本　シナノ印刷株式会社

ISBN978-4-571-10183-0 C3037　Printed in Japan, 2018
落丁・乱丁本はお取替えいたします
定価はカバーに表示してあります

福村出版◆好評図書

千葉大学教育学部附属教員養成開発センター 編集
新・教育の最新事情〔第2版〕
●教員免許状更新講習テキスト

◎2,500円　　ISBN978-4-571-10180-9　C3037

2017年3月告示の学習指導要領，2018年度から実施される「特別の教科 道徳」などに対応した最新版テキスト。

小笠原道雄 編
教育的思考の作法 ⑤
教育哲学の課題「教育の知とは何か」
●啓蒙・革新・実践

◎3,500円　　ISBN978-4-571-10171-7　C3037

近代教育学の諸思想の再考から現代教育学の実践まで，多様な視点から教育哲学の意義と課題に迫る論考集。

川野辺 敏・白鳥絢也 著
教　　師　　論
●共生社会へ向けての教師像

◎2,200円　　ISBN978-4-571-10166-3　C3037

教師をめざす人に向けて，その仕事や資質，変化する社会状況に対応できる教師像，教育のあり方について述べる。

伊東知之・大野木裕明・石川昭義 著
子どもの事故防止に関する ヒヤリハット体験の共有化と教材開発
●保育・幼児教育の現職者と実習大学生のキャリア発達から

◎4,000円　　ISBN978-4-571-11040-5　C3037

現場体験の共有化と幼児教育者のキャリア教育の視点による，ヒヤリハット認知能力育成のための教材開発研究。

岸田幸弘 著
子どもの登校を支援する 学校教育システム
●不登校をのりこえる子どもと教師の関係づくり

◎5,000円　　ISBN978-4-571-10170-0　C3037

不登校児童生徒への支援と，登校を促す魅力ある学級づくり等の教育実践と学校教育システムを論考する。

小野善郎・保坂 亨 編著
続・移行支援としての高校教育
●大人への移行に向けた「学び」のプロセス

◎3,500円　　ISBN978-4-571-10176-2　C3037

子どもから大人への移行期にあたる高校生の「学び」に着目。何をどう学ぶのか，高校教育の本質を考える。

小野善郎・保坂 亨 編著
移行支援としての高校教育
●思春期の発達支援からみた高校教育改革への提言

◎3,500円　　ISBN978-4-571-10161-8　C3037

思春期・青年期から成人への移行期を発達精神病理学的に理解し，移行支援としての高校教育を考察する。

近藤邦夫 著／保坂 亨・堀田香織・中釜洋子・齋藤憲司・髙田 治 編
学校臨床心理学への歩み 子どもたちとの出会い、教師たちとの出会い
●近藤邦夫論考集

◎5,000円　　ISBN978-4-571-24042-3　C3011

著者が提唱した「学校臨床心理学」を論文集から繙く。子ども，学生，教師，学校現場に不変の理念を示唆する。

小野善郎 著
思春期の育ちと高校教育
●なぜみんな高校へ行くんだろう？

◎1,600円　　ISBN978-4-571-10182-3　C0037

思春期の子育てに必要不可欠な「居場所」とは何か。情熱に満ちた理論で子どもたちの未来を明るく照らす一冊！

◎価格は本体価格です。